최소한
이것만은
알고

북한의
문을
노크하라

일러두기

북한을 부르는 호칭

남한에서 북한을 부를 때는 북, 북쪽, 북측, 북한, 북조선 등을 사용한다. 과거 남북 대결의 시기에는 북괴라고도 불렀다. 호칭은 상대방에 대한 우리의 인식을 나타낸다. 남북이 화해와 평화의 시기로 나아가는 지금, 굳이 부정적인 호칭을 사용할 필요는 없을 것이다. 하지만 북에서 사용하는 조선이라는 호칭은 우리 정서상 부담스럽다. 과거의 부정적인 이미지를 없애고 정치적 부담을 덜어주는 호칭은 북, 북쪽, 북측이다. 하지만 이 책은 남쪽 독자를 위해서 썼으므로 우리에게 익숙한 남한, 북한을 기본으로 사용하기로 한다.

1991년 체결된 〈남북기본합의서〉에는 남북 관계를 "나라와 나라 사이의 관계가 아닌 통일을 지향하는 과정에서 잠정적으로 형성되는 특수 관계"라고 규정한다. 남북이 상대방을 어떻게 보느냐에 대한 깊은 고민이 묻어 있다. 1995년 한국피디연합회를 비롯한 언론 3단체는 상대방의 국명과 호칭을 있는 그대로 사용하기로 했다. 24년 전의 약속이 실행되지 못하는 현실이 안타깝다. 한국과 조선이라는 말이 어색하지 않을 날이 곧 오기를 기대한다.

약칭

가장 많이 나오는 호칭은 북측의 대남 기관(단체)인 민족화해협의회와 조선아시아태평양평화위원회다. 두 기관의 성격은 본문에서 설명하고 편의상 약칭을 사용한다.

· 민족화해협의회→민화협
· 조선아시아태평양평화위원회→조선아태

북한 사람과 거래하는 법

84년생 김정은과 장마당세대, 그리고 욕망의 도시 평양 실전 매뉴얼

오기현 지음

한겨레출판

프롤로-그

피 디 는 사 업 가 다 !

"뭐, 피디가 사업 이야기를 한다고?"

사실 피디는 사업가다. 한정된 예산으로 프로그램을 만드는 사업가다. 최소한의 비용으로 성공적인 프로그램을 만들어야 한다. 좋은 기획을 제출해서 예산을 받고 자신의 인맥을 동원해서 작가, 스태프, 출연자를 섭외하고 프로그램을 제작한다. 결과에 대한 평가는 냉정하다. 다음 날 아침이면 성별, 세대별, 지역별 시청률이 공개되고 동시간대 혹은 전체 프로그램에서 순위가 매겨진다. 투자 대비 효율성이 떨어지는 프로그램은 주요 시간대에서 밀려나고 참신한 아이디어로 무장한 신진들이 빈자리를 차지한다.

남북 방송 교류에 참여한 피디는 프런티어 사업가다. 방송 교류라고는 하지만 북한 측에서 방송 교류를 위해 남한 피디를 만나는 일은 거의 없다. 그들은 "얼마를 끌어올 수 있는 사람인가?" 하는 투자자의 잣대로 피디와 대면한다. 따라서 북한 파트너는 조선중앙방송의 피디가 아니라 통일전선부의 대남 사업가들이다. 남한의 피디는 방송에 관심이 없는 사람들을 설득해서 남북 문화 교류의 토대를 마련하고, 상호 불신의 깊은 골을 메우기 위해 노력한다. 우리가 만들고자 하는 방송이 정치적 부담을 주지 않을 것이라고 설명해야 하고 예상 밖의 비용을 요구하는 그들과 타협해서 합리적 가격을 협의해야 한다.

따라서 남북 교류가 본격화되는 이 시점에 남북 방송 교류를 통해 얻은 소중한 경험을 다시 활용해야 한다고 생각한다. 방송의 영역을 넘어서 대북 민간 교류, 경제 교류를 준비하는 모든 사람들에게 도움이 될 것이라 믿기 때문이다.

최근의 남북 관계를 문재인 대통령이 신의 옷자락을 잡았다고 말한다. 트럼프 대통령의 야심과 김정은 위원장의 개방 의지를 확인한 문재인 대통령이 평창올림픽을 지렛대 삼아, 역사 속으로 지나가는 신의 옷자락을 용케도 잡아챘다는 것이다. 매정한 신이 그 손을 뿌리칠

지 붙잡을지는 알 수 없지만, 행운의 여운은 여전히 한반도 주위를 맴돌고 있다.

3년 안에 망한다던 북한은 장마당의 활성화로 전에 없는 활력을 찾고 있다. 1990년대 중반 '고난의 행군기'라 부르던, 배급이 중단된 절체절명의 시기에 주민 스스로 장마당을 세워 생존 방법을 체득했다. 장마당에서 생필품을 공급받고 의식주를 해결했다. 장마당에서 경쟁의 원리를 배우고 외부 세계와 소통했다. 완전한 자본주의는 아니지만 적어도 시장경제 체제에는 진입했다는 것이 전문가들의 분석이다.

따라서 현재의 북한을 이해하려면 장마당의 작동 원리와 새로운 경제 환경에서 태어난 장마당세대를 알아야 한다. 지금의 북한은 공고한 사회주의 계획경제하에서 진행된 배급을 체험한 기성세대와 자립심 강한 장마당세대가 공존하는 이원적 사회구조라고 할 수 있다.

그러나 변화의 키워드만으로 북한을 이해할 수는 없다. 북한은 여전히 주체혁명과 선군혁명의 위업을 끝까지 계승하고 완성하기 위해 모든 것을 바쳐 투쟁하겠다는 목표를 유지하고 있다. 평양 순안비행장에서 평양 시내로 들어가는 길에 세워져 있는 "자기 땅에 발을 붙이고 눈은 세계를 보라!"는 구호 비석은 변화는 추구하되 70년간 다져진 자기 방어적 의식 체계는 바꿀 수 없다는 공고한 의지의 표현이다. 그것은 국가권력이 제시한 공식 규범이 주민 실생활과 결합하면서 형성된 북한의 실질적 가치관이다.

1998년 5월, 처음으로 평양을 방문했다. 고려항공 트랩을 나서는 순간 마주친 순안비행장 외벽의 초상화는 20년이 지난 지금까지도 강렬하게 남아 있다. 종교적 절대자가 어디에나 존재하듯 두 명의 지도자는 북한 어느 곳에서나 만날 수 있었다. 2018년 11월에 만난 북한은 많이 변해 있었다. 그러나 조금만 깊이 들여다보면 여전히 우리가 생각하던 북한이고 앞으로도 상당 기간은 그대로일 것이다.

북한을 28회 다녀왔고 80명이 넘는 대남 사업가들과 100차례 넘게 협상을 했다. 대북 경협 절차가 완비되지 않은 시기에 피 같은 돈을 가방에 넣어 가까스로 전달했지만 상대방이 약속을 지키지 않아 곤경에 처한 적도 있다. 해외에서 만난 북한 관리와 야간열차를 타고 가면서 날이 새도록 토론을 하기도 했다. 체제의 감시를 벗어버린 대화 속에서 그도 나와 똑같이 가족을 책임지는 고달픈 가장으로서 자녀 교육, 출세, 돈, 애정 문제에 관심이 많다는 것을 알고 새삼 놀랐다.

이런 경험을 통해 북한 사람의 특성, 북한 사회의 특성이 그려졌다.

그들은 공동체 의식이 강하고 이념에 투철한 것으로 보이지만 한편으로는 개인주의적이고 실리적이다. 그들은 언어와 문화가 같은 민족이지만 매우 다른 이념적 유전자를 지니고 있다. 만날 때마다 우리의 소원은 통일이라고 하지만 그들이 그리는 통일과 우리가 생각하는 통일은 닮지 않았다. 또한 그들은 우리가 어떤 것을 지원해줘도 절대로 고맙다는 말을 하지 않는 이해할 수 없는 매너의 소유자들이다.

제한된 시간에 제한된 공간만 접근할 수 있는 북한 지역에서 경험한 개인의 취재를 일반화하는 것은 위험한 발상일 수 있다. 이른바 일반화의 오류다. 또한 이데올로기적 한계도 있다. 남한 사람의 북한에 대한 시각은 아무리 중립적인 입장을 견지해도 이데올로기의 함정에서 벗어나기 힘들다. 글을 쓰면서 시종일관 떠나지 않았던 고민이었다.

그렇다고 개인적 경험은 무의미한가? 개인적 경험을 바탕으로 북한에 대한 분석을 시도하는 것은 불가능한가? 사실 북한에 대한 평가는 방북자의 수만큼이나 다양하다. 따라서 북한에 대한 개인의 차별화된 경험은 모두 북한을 분석하는 소중한 근거가 된다고 믿는다. 이런 자료가 모이면 북한에 대한 객관적 시각을 정립해나갈 수 있을 것이다.

북한의 주장을 무조건 수용하거나 맹목적으로 적대하는 것은 결코 생산적인 미래를 도출할 수 없다. 북한의 특성을 제대로 이해할 때, 협상의 지혜가 발휘되고 공존의 공간을 만들 수 있다. 따라서 다소 부정적인 표현이 있을지라도 그들을 적대시하거나 폄하하기 위한 것이 아님을 알아주기 바란다. 남과 북이 진정한 통일을 이루기 위해서는 다름과 오해를 극복하는 무수한 도정을 거쳐야 한다. 개인의 경험을 나열한 것이지만, 이 책이 통일로 가는 길에 놓인 작은 징검다리가 되길 기대한다.

북한 사람과
거래하는
법

2장

평양 실전 매뉴얼

북한 사람 일대일로 만나기

3장

평양 실전 매뉴얼

북한 사람과 거래하는 법

에필로-그

같음보다 다름을 인정하자

경제가 살아나면서 도시의 면모가 변하고 있는 평양. 만수대 언덕에서 본 모습.

사회주의 속 시장구조

'장마당'은
어떻게
형성되었는가?

1장

평양의 김 녀사

1

가을로 접어들면서 몸이 난 김 녀사는 아침마다 달리기를 시작했다. 장마당에서 새로 산 운동복이 좀 조이지만 요즘은 몸매를 드러내는 것이 유행이라서 민망하지는 않다. 산뜻한 새 신발 덕분에 몸이 한결 가볍다. 많은 시민들이 대동강의 신선한 바람을 마시며 운동 중이다. 그녀가 데리고 나온 애완견 '망나니'가 이웃 주민들을 보며 시끄럽게 짖어댄다. 아무리 달래도 그치지 않자 김 녀사가 강아지에게 쏘아붙였다.

"고놈의 똥강생이,
형편없는 자유주의자처럼
짖어대네!"

2

'평해튼'이라고 불리는 려명거리 살림집 앞에서 김 녀사가 택시를 잡았다. 지하철 전승역이 가깝고 궤도전차도 다니지만 편리하기로는 택시를 따라올 수 없다. 기본요금이 2킬로미터에 1달러로 비싼 편이지만 평양의 돈주인 김 녀사에게 부담스러운 가격은 아니다. 비가 오거나 급한 약속이 있을 때 손전화로 부르면 언제든지 달려온다. 지금 평양에서는 택시야말로 사회주의 부귀영화를 누리는 강성국가 인민들의 편의를 위해 없어서는 안 될 존재다. 보통문에 다다르자 정체가 시작된다. 자칫 약속에 늦을 수도 있겠다. 김 녀사가 운전기사에게 재촉한다.

"운전수 동무,
만리마 속도로 단숨에
갑시다!"

3

김 녀사는 청춘거리 금컵종합식료공장을 자주 방문한다. 이곳은 과자와 건강음료를 생산하는, 체육인들의 식료품 생산기지다. 그런데 요즘 금컵종합식료공장이 붐비는 이유는 다른 데 있다. '5·30조치'에 따라 사회주의기업책임관리제를 시행하면서 공장 지하에 수영장과 실내골프장이 개장된 것이다. 공장기업소의 경영 자율성이 보장되어 돈벌이가 되는 분야로 사업을 확장한 것이다. 공장은 국가기구인 체육성 소속이지만 돈주인 김 녀사가 동무들과 수영장을 임대해서 운영 중이다. 작은 폭포와 분수대가 어우러진 수영장은 수영을 즐기는 사람뿐 아니라 신혼부부들의 웨딩 사진 촬영지로도 각광받고 있다. 휴일인 오늘도 여러 부부가 촬영 중이다. 신랑이 너무 경직되어 있자 촬영기사가 닦달한다.

"신랑이 왜 그렇게 맥이 없나?
자, 치즈해보시라요!"

4

퇴근 시간 무렵이면 김 녀사는 종종 모란봉극장 공터로 달려간다. 록음기를 틀어놓고 중년남녀들이 무도회를 여는 곳이다. 원래 평양 사람들은 춤과 노래를 좋아해서 국가 명절이면 김일성광장에 모여 군중무도회를 연다. 젊은이들은 공개적으로 어울려 놀 수 있는 거의 유일한 기회여서 그날을 손꼽아 기다린다. 생활에 여유가 생기면서, 중년들도 휴일에 모여서 군중가요를 틀어놓고 민속춤을 춘다. 오늘 김 녀사는 젊은 사람처럼 몸매가 드러나는 '몸매동복'으로 맵시를 냈다. 축포형 머리의 멋쟁이 신사가 김 녀사에게 다가온다.

"녀성 동무,
본때 있게 한번
춰봅시다!"

★

변모하는
평양

━━━━━━━━━━━━━━

　　　　　　　평양은 변하고 있다. 그것도 빠르게 변하고 있다. 처음 방문한 사람들은 상상하던 모습과 다르니까 변한다고 말하고 기자나 피디들은 변한다고 해야 기삿거리가 되니 변하고 있다고 말한다. 평양에 다녀온 사람치고 평양이 변하지 않았다고 말하는 사람은 없다. 그러나 지금은 다르다. 20년 전에도 변했고 10년 전에도 변하고 있었지만 지금은 확실히 다르다. 변하는 부분만 보여주는 것이 아니냐고 반문할 수 있다. 하지만 예전에도 변하는 곳만 보여주었다. 평양의 변화, 북한의 변화는 대세이고 사실이다. 그렇다면 변화의 원인은 무엇일까?

장마당의 발전

변화의 중심에는 시장이 자리 잡고 있다. 흔히들 말하는 장마당이다. 고양이뿔 빼고는 다 살 수 있는 곳, 장마당은 북한 주민들에게 알라딘의 램프 같은 곳이다. 동구권의 몰락으로 경제협력 세력의 상실, 3년 동안 발생한 자연재해, 정신적 지주였던 김일성 주석의 사망, 게다가 오랜 기간 누적된 체제의 모순이 한꺼번에 노출되면서 이른바 '고난의 행군'이 시작되었다. 기업소들은 원자재와 에너지를 공급받지 못해 멈췄고 1990년대 초부터 서서히 줄어들던 배급은 1994년이 되자 아예 나오지 않았다. 사회주의 계획경제에서 배급의 중단은 곧 생존의 위협이었다.

식량 사정이 열악한 산간 지방부터 고통이 시작되었다. 그리고 도시로 번지기 시작했다. "충신은 굶어 죽고 간신은 도망가고 등신만 남았다"는 자조 섞인 말까지 생겼다. 고지식한 사람은 앉아서 당했지만 발 빠른 사람들은 무엇이든지 돈이 되는 것을 내다 팔았다. 가재도구를 팔면서 하루하루를 연명했다. 들이나 산에서 나물과 약초를 캐서 팔기도 하고 해안 지역에서는 조개나 해산물을 채취해서 팔았다. 심지어는 위험을 무릅쓰고 전기 공급이 중단되어 멈춰 선 공장에 들어가 부속품을 훔쳐 팔기도 했다. 국가는 생존 방도를 제시하지 못했고 주민들은 살기 위해 용감해졌다.

공터에 텃밭을 가꾸면서 미약하나마 안정적인 식량 생산 체계가 갖춰지기 시작했다. 비교적 국경 출입이 자유로웠던 화교들은 중국에서 식량과 생필품을 구입해왔다. 골목장이 들어서고 장마당이 생겼다. 장마당은 단속이 나오면 메뚜기처럼 도망친다고 해서 '메뚜기 시장'이라고 불렀는데 먹고살기 위해 죽어라고 버틴다고 해서 이내 '진드기 시장'이라는 이름으로 바뀌었다. 본격적으로 시장경제의 맹아가 싹트기 시작한 것이다.

장마당이 점차 확산되자 북한 당국은 현실과 타협했다. 1998년 당국이 나서서 '상설시장'이란 명칭으로 일정한 지역에 모여서 시장 활동을 하도록 유도했다. 2002년에는 '7·1경제관리개선조치'를 통해 시장에서 식량을 구입하는 것을 허용했다. 시장이 다양한 형태로 증개축되면서 전국적으로 시장 설비의 규격화·표준화가 이루어졌다. 급기야 북한 당국은 2003년에 '시장관리운영규정'을 통해 시장을 합법화하면서 명칭을 종합시장으로 바꾸었다. 허가한 장소에 건물과 시설을 갖추고 장세와 자릿세를 거두었다. 평양의 남쪽 락랑 구역에는 6,000제곱미터 크기의 '통일거리시장'이 시범 설치됐다.

초기 시장에서는 텃밭이나 뙈기밭(자투리 밭)에서 가꾼 채소류가 주로 거래됐다. 규모가 점점 커지면서 식량과 공산품 거래가 늘어났다. 북한산 경공업 제품도 있지만 소비재 공산품은 대부분 중국에서 수입되었다. 시장에서는 구할 수 없는 물건이 없다는 믿음이 생겨났다. 아래로부터의 변화였다. 세계 역사상 유래가 없는 자생적 시장경제 체제가 탄생한 것이다.

시장이 활성화되면서 몇 가지 우려되는 현상도 나타났다. 빈부 격차가 생기고 경제 전반에 대한 국가의 통제력이 약화되었다. 애초에 북한 당국이 의도한 계획경제 내에서의 부분적인 허용의 범주를 벗어났다. 결국 북한 당국은 2005년 배급제 복귀를 선언했고 2006년부터 종합시장의 개장 시간과 여성 상인의 연령을 제한하는 정책을 시행했다. 2009년 11월 30일에는 화폐개혁에 이어서 시장 철폐를 단행했다. 그러나 이미 북한 경제는 시장 의존도가 너무 높았다. 주민들은 시장을 통해 생필품과 식량을 조달하고 시장에서의 경제활동을 통해 생계를 유지했다. 시장 의존도가 절대적인 상황에서 시장의 철폐는 생존권에 중대한 위협이 되었다. 예상외로 주민들의 반발이 컸다.

결국 북한 당국은 2010년 2월 시장에 대한 통제를 완전히 풀었다. 종합시장은 기하급수적으로 늘어났다. 2018년 말까지 합법화된 종합시장이 480개가 넘는다. 골목시장까지 더하면 그 수를 헤아릴 수 없을 정도다. 남포시 강서종합시장 한 곳에 화장품 매대만 100개가 넘는다. 북부 지역은 함경북도 청진의 수남시장, 남부 지역은 평양의 접경 지역인 평성의 평성시장이 유통망을 장악하고 있다. 종합시장 한 개의 평균 면적은 서울시청광장 정도인 4,630제곱미터(약 1,400평)에 달한다.[1] 북한 당국은 종합시장에 장세라는 일종의 세금을 매기는데 그 규모가 한 해에 약 5,689만 달러(약 640억 원)에 이른다.[2] 1970년대 초 세금을 없애겠다고 선언했던 북한의 변화가 나타나는 부분이다.

시장 활동의 중심은 주로 여성이다. 북한에서 여성의 시장 참여는 본격적인 상업 활동이라기보다는 가족을 먹여 살려야 한다는 가족 윤리의 실행으로 이해된다. 전통적으로 내려온 장사에 대한 부정적 인식은 가장인 남성의 시장 활동을 주저하게 만들었다. 대신 남성은 경제 재건에 필요한 건설 현장 같은 곳에서 노동력을 공급한다. 그러나 북한이 여성들의 시장 활동을 묵인하는 가장 근본적인 이유는 여성은 시장을 통해 조직화되고 집단화되더라도 남성에 비해 체제 위협 요소가 되지 않기 때문이다.

상품 생산이 소비자의 기호를 따라가면서 의사결정권이 국가에서 일반 주민에게 넘어가는 추세다. 생산자 중심의 계획경제 체제가 소비자 중심의 시장경제 체제로 이동한 것이다. 과거의 집단농장이나 기업소가 주민들의 생계를 책임질 수 없게 되자, 가구가 경제생활과 단체생활의 중심으로 부상했다. 이제 가구는 대부분의 주민들에게 충성의 집약점이던 당과 대중조직 기구를 대체한다.[3] 비공식적인 장마당이 공식적인 종합시장으로 바뀌면서 이제 북한은 사회주의 계획경제 체제지만 실질적으로는 시장이 경제활동의 주요한 동력이 되는 시장 기능market function[4] 국가가 되었다.

평양 금강산 판매소. 다양한 종류의 간식은 소비자의 기호가 다양하다는 증거다. 너무 다양해서 판매가 걱정될 정도다.

장마당세대의 성장

"먹고살자고 하는 일인데, 시장에서 장사하는 것이 부끄러우면 죽어야죠!"

함경북도 출신의 84년생 정아 씨는 당당하게 말했다. 어느 날 배급소에서 식량 배급을 중단한다는 공시가 났다. 고난의 행군기에 접어든 것이다. 그녀는 농촌 동원을 나갔을 때 남의 옥수수 대 몇 개를 옷 속에 감추어 왔다. 반장을 도맡아 하던 모범생으로서는 용납할 수 없는 일이었다. 그러나 앉아서 죽을 수는 없었다. 장사라도 해서 먹고살아야 했다. 결국 어머니가 텃밭에서 키운 콩 20킬로그램을 팔아서 밑천을 마련하고 어머니와 함께 옷 장사를 시작했다. 연합기업소 해설 강사 출신의 어머니는 아는 사람의 눈을 피해서 장사를 했다. 장사를 이기주의와 자본주의 사상에 물든 부끄러운 일로 생각했기 때문이다.

하지만 정아 씨는 달랐다. 도매시장에서 물건을 가져오고 어머니가 자리를 비울 때는 대신 자리를 지켰다. 단속원이 나오면 잽싸게 물건을 싸서 달아났다. 힘든 일이었지만 살기 위해서 어쩔 수 없었다. 결국 그녀는 중학교를 졸업하자마자 본격적으로 장사에 뛰어들었다. 정아 씨에게 배급에 대한 기억은 거의 없다. 사회주의 계획경제 체제의 혜택은 알지 못했다. 머릿속에는 '배급'이라는 개념 대신 '시장'이라는 개념이 자리를 잡았다.

식량 사정이 더욱 열악한 산간 지역에 사는 아이들은 아예 학교를 가지 못했다. 한 반에 출석하는 학생들이 서너 명에 불과했고 그나마도 대부분 책상에 엎드려 있었다. 기운이 없어서 수업을 진행하지 못하는 교사도 있었다. '주체의 혁명 위업, 사회주의 건설 위업을 달성하는 도덕적 인간 교육'을 받을 기회는 아예 없었다. 전체주의 대신 개인주의가, 사상 대신 돈을 우선하는 가치관이 형성되었다.

경제적 어려움이 가중되자 자연스럽게 강력한 통제 시스템이 느슨해졌다. 식량을 구하기 위해 혹은 장사를 위해 다른 지역을 오가는 사람이 증가했다. "앉아 있는 영웅보다 돌아다니는 머저리가 낫다"는 말도 생겼다. 교류가 늘어나면서 다양한 정보도 유입되었다. 공고한 벽 속에 갇혀 있던 사람들이 외부와 접촉하면서 외부 문화에 대한 태도도 적극적으로 바뀌었다. 장년보다 젊은 층의 변화가 두드러졌다. 지역 차도 있었다. 배급 상태가 양호했던 평양보다는 북부 국경 지역의 젊은이들이 변화에 적극적이었다.

장마당에서 장사를 한 경험이 있는 북한 이탈 주민은 그 기간만큼 남한에서의 적응이 빨라진다고 한다. 장마당에서 5년 동안 장사를 했다면 다른 북한 주민보다 남한 사회에 정착하는 시간이 5년 더 빨라진다는 것이다. 젊은 세대일수록 김정은 위원장에 대한 지지도가 높다는 것[5]은 장마당세대의 변화에 대한 열망이 반영된 것으로 보인다.

부에 대한 긍정적 인식, 전체주의보다는 개인주의, 외부 문화에 대한 개방성과 유연성 등이 이전에 없던 세대의 출현을 알렸다. 고난의 행군기(1994~1998년)에 청소년기를 보낸 1980년대 이후 출생자들, 이른바 '장마당세대'다. 그들에게 장마당은 생존 공간이자 학교다. 당 간부보다는 백화점 사장이 되고 싶은 세대다.

김정은 위원장의 일관성

김정은 위원장 집권 이후 북한 체제의 가장 큰 특징은 정책의 일관성이다. 완전한 자율성이 보장되지 않는 이상 주민들은 정책에 늘 예민할 수밖에 없다. 따라서 정책의 일관성은 곧 시장 변화를 예측할 수 있게 만들고 자율성을 높여 시장의 성장을 가져온다.

김정은 위원장이 시장을 신뢰하는 것은 청소년기의 유럽 유학 생활의 영향으로 보인다. 김정은 위원장은 1998년 초 스위스로 유학을 갔다. 같은 또래의 장마당세대들이 장마당에서 시장주의를 한창 체득할 시점이다.

북한 외교관의 아들 박운이라는 가명을 쓴 김정은은 베른 중심지에서 서남쪽으로 3킬로미터 떨어진 한 공립학교[6]에 입학했다. 수학을 잘하고 그림을 잘 그렸다. 학교 교과목에는 현존하는 각국의 정치 시스템이 포함되어 있었고 제1,2차 세계대전과 미국에 대해서도 배웠다. 포르투갈 이민자 출신 친구인 조아오 미카엘로의 기억에 따르면 김정은은 조용한 성격이었으며 농구를 좋아했다고 한다. 농구 선수 마이클 조던이 출연했던 영화 〈스페이스 잼〉을 본 뒤 농구에 더 관심을 가지게 되었다. 스키를 타거

나 인근 테마파크에 놀러 가기도 했다.[7]

학교에서 멀지 않은 100제곱미터 규모의 서민형 연립주택에서 살았고 이모인 고용숙, 리강 부부가 후견인 노릇을 했다. 초등학생인 동생 김여정도 함께 거주했다. 학교까지는 걷거나 자전거를 타고 다녔다. 호화로운 생활을 하거나 경호원이 24시간 동안 밀착해서 경호하지는 않았다고 한다.

베른은 인구 12만 5천 명에 불과한 작은 도시지만 스위스연방의회와 연방평의회(행정부)가 위치해 있는 사실상 스위스의 수도다. 중세에 건설되어 도시 전체가 유네스코 문화유산에 등재된 유서 깊은 도시다. 여행자들의 로망인 융프라우산의 도시 인터라켄에서 차로 50분 거리에 있다. 청소년기의 김정은 위원장은 중세의 역사를 간직한 도시에서 서방의 전통적 가치관을 배우고, 융프라우의 길목에서 스친 수많은 여행자로부터 개방적 사고를 체득한 것으로 보인다. 호기심과 에너지가 충만한 사춘기 소년에게 고향에서 1만 킬로미터 넘게 떨어진 타지의 공기는 신선한 자극과 새로운 포부를 불어넣었다.

김정은은 리베펠트 슈타인휠츨리 9학년(중학교 3년)이 끝날 무렵 북한으로 돌아왔다. 김정일 위원장의 요리사 후지모토 겐지는 2000년 8월 스위스 유학 중 방학을 맞아 돌아온 김정은 위원장이 한층 성장했고 시야가 넓어졌다고 회고했다. 세계사의 흐름 속에서 북한이 처한 현실을 파악하고 나름대로 북한의 발전을 위한 비전을 고민하지 않았을까.

김정은 위원장의 정책에 스위스 유학 경험이 반영되었다는 객관적 증거는 관광 산업 육성에서도 나타난다. 김정은 위원장은 관광객 유치를 목적으로 2013년 마식령 스키장을 개발했다. 최장 5,091미터의 슬로프 열개가 설치된 마식령 스키장은 평창올림픽 당시 남북공동훈련장으로도 활용되었다. 참가자들은 국제 기준에도 손색이 없는 완벽한 시설이라고 평가했다.

김정은 위원장이 정서적으로 애정을 가지고 있다는 원산의 갈마 해안 관광지구 개발도 의욕적으로 추진 중이다. 싱가포르 등의 해외 자금이 투자된 것으로 알려진 갈마 해안 관광지구는 2019년 10월 10일 당창건기념일에 완공하는 것을 목표로 박차를 가하고 있다. 평양 교외에 설치된 미림항공구락부(클럽)[8]와 미림승마구락부(클럽)[9]도 성업 중이다.

최근 북한은 평양 장철구상업대학에 호텔경영학과와 봉사학과를 신설했고 국제관광지로 발돋움하고 있는 원산의 정준택경제대학에도 관광경제학과를 신설해서 전문 인력 양성에 힘쓰고 있다. 2013년 여름 평양을 방문했을 때 이미 평양 양각도호텔은 1,004개 객실 모두 유럽, 동남아 등에서 온 관광객들로 만원이었다. 이미 인기 직종이 된 관광가이드들이 유창한 외국어와 날렵한 동작으로 관광객을 안내하는 모습이 인상적이었다.

김정일 위원장 시대에는 시장의 통제와 단속을 반복했다. 정책이 자꾸 바뀌니 주민들은 당국의 정책을 신뢰하기 어려웠다. 김정일 위원장 집권기인 2009년 11월 30일, 북한 당국은 기습적으로 화폐개혁을 실시했다. 시장도 폐쇄했다. 물가가 폭등하고 상품의 품귀 현상이 나타났다. 고난의 행군기 이후 시장을 중심으로 생활하던 주민들에게는 날벼락이나 마찬가지였다. 무엇보다 당국의 정책에 대한 신뢰가 추락했다. 결국 2010년 2월 북한은 시장 통제를 다시 풀었다.

김정은 위원장은 취임 직전 아버지 시대의 시장 통제가 가져온 심각한 부작용을 목도했다. 따라서 섣불리 시장에 개입하지 않았다. 이미 시장이 생활 깊숙이 파고들어 일방적으로 통제할 수 있는 규모를 넘어섰다고 파악했기 때문이다. 대신 시장화를 촉진시키는 정책을 추진했다. 대표적인 것이 이른바 '우리식 경제 관리 방법'과 '사회주의 기업 책임 관리제'다.

김정은 위원장의 집권 직후인 2012년부터 시행된 '6·28방침(우리식 경제 관리 방법의 핵심 내용과 포괄적인 방향 제시)'과 2014년부터 시행된 '5·30조치(사회주의 기업 책임 관리제)'는 생산 현장에 자율성과 인센티브를 확대하는 방식이다. 농장과 공장 등 생산 현장에서는 국가 계획 부분만큼만 국가에 납부하고 나머지 부분을 시장 판매 등의 방법으로 자율적으로 처분할 수 있는 제도[10]다. 실질적으로는 생산물의 처리 과정에서 발생할 수 있는 불법적인 부분을 합법화하고 시장을 통해서 관리하자는 정책이다. 2016년 5월 제7차 당대회에서 김정은 위원장은 '우리식 경제 관리 방법'을 전면화하고 '사회주의 기업 책임 관리제'를 실시할 것을 지시했다.

고난의 행군기에 자생적으로 성장한 시장은 김정은 위원장 시대에 들어서 당국의 적극적인 지원과 보호를 받고 있는 셈이다. 남북정상회담을 앞둔 2018년 4월 20일 '당중앙위 제7기 3차 전원회의'에서 경제·핵무력 개발 병진 노선에서 핵무력 개발을 삭제하고 경제 건설에만 집중하겠다고 선언한 것도 김정은 위원장의 경제제일주의를 보여준 것이라고 파악한다.

현재 북한에서 시장을 중심으로 벌어지는 모든 현상은 합법적이라고 할 수 없다. 식량 거래는 원칙적으로 금지되어 있고 장세를 거두어들이는 것도 법에 어긋난다. 남의 명의로 식당을 운영해서는 안 되고 국가 자산인 집을 거래해서도 안 된다. 모든 것이 합법과 불법의 중간, 즉 회색 지대gray zone다. 그런데 이 불안한 회색 지대를 일관되게 보호하는 사람이 바로 김정은 위원장이다. 그가 시장화를 견인하고 주도하고 있다.

김정은 위원장의 부인, 리설주의 역할

"저기 보세요, 저렇게 방송에 나오지 않습니까?"

평양에서 만난 여성은 TV 화면에 리설주 여사가 나오자 소리를 쳤다. 최고 권력자의 부인이 방송에 나온다는 것만으로 주민들은 열광했다. 자신의 개인사를 비밀에 부쳤던 은둔의 정치인인 아버지에 비해 김정은 위원장은 자신의 행보를 공개하면서 주민들에게 친숙히 다가가는 모습을 보였다. 이런 친근한 이미지를 창출하는 데는 부인 리설주 여사의 역할이 컸다.

리설주는 2012년 7월 6일 모란봉 악단의 시범 공연 때 처음으로 김

정은 위원장과 함께 공식석상에 등장했
다. 같은 해 7월 25일 능라 인민 유원지
준공식에도 김정일 위원장의 팔짱을 끼
고 참석했다. 김일성 주석이나 김정일
위원장은 부인과 함께 행사장에 나타난
적이 거의 없었으므로 상당히 이례적인
사건이었다. 그 뒤 주요한 국가행사에
참석했을 뿐 아니라, 창전거리 아파트
에 입주한 가정집을 방문해서 설거지를
해주는 등 적극적인 행보를 선보였다.

단아하고 전통적인 어머니상과 세련된 외
모가 결합된 이미지의 리설주 여사. 그녀
의 등장은 북한 여성들에게 심리적 해방감
을 선사했다.

　리설주는 단아하고 전통적인 어머니상을 가졌으면서도 세련되고 지
적인 이미지가 있다. 그녀는 안정을 해치지 않으면서 변화를 바라는 북한
주민들의 열망을 상징하는 인물로 부각되었다. 정치적 영향력이 있지만
결코 정치적으로 비치지 않는 모습, 새로운 변화를 선도하지만 수수한 바
람을 일으키는 자연스러움에 북한 주민들은 기대와 지지를 보내고 있다.

　여성으로서 리설주의 역할이 돋보이는 것은 그녀의 패션 스타일도 영
향이 있다. 리설주가 처음 언론에 노출되었을 때 그녀는 둥근 깃과 무릎
길이의 치마가 특징인 샤넬풍 옷차림[11]으로 등장했다. 화려하지 않으면서
도 지적인 스타일은 북한 여성들의 패션 감각을 한 단계 업그레이드시켰
다. 짧은 머리, 클러치 백, 스틸레토 힐, 브로치 등 하나하나가 변화의 상
징이었다. 같은 시기에 등장한 모란봉 악단과 함께 리설주의 패션은 변화

를 갈망하는 북한 여성들에게 새 시대를 위한 가이드라인을 제시했다.

최고 지도자 부인의 옷차림이나 최고 지도자가 직접 결성한 악단의 옷차림은 단속의 대상이 될 수 없다. 북한 여성들은 제한된 자유 속에서 패션을 통해 사회적 힘을 실현시키고 있다. 리설주의 등장이 북한 여성들에게 심리적 해방감과 안도감을 선사하는 셈이다. 리설주 패션은 이데올로기를 넘어 글로벌 스탠더드를 지향하고자 하는 북한 내부의 조용한 노력을 반영하고 있다고 평가된다.

북한에도 한류가 있을까?

과연 북한에도 한류가 유행하고 있을까? 유행한다면 어느 정도로 영향을 미치고 있을까? 실제로 북한 사람들은 한국의 대중문화를 소비하면서 남한 사회를 이해하고 있을까?

한쪽에서는 남한의 인기 드라마가 며칠만 지나면 복제품으로 만들어져 북한 시장에서 팔리고, 백지영의 〈총 맞은 것처럼〉이 김일성대학 학생들의 애창곡이라고 한다. 그러나 다른 한쪽에서는 체제 유지를 위해 외부의 정보를 철저히 차단하는 북한에서 남한의 대중문화가 '유행'하는 것은 불가능하다고 주장한다.

우리가 북한의 한류 현상에 관심을 가지는 이유는 단순히 다른 나라에서 유행하는 한류와는 다른 의미가 있기 때문이다. 남북한의 이질감을 해소하고 정서적 통합을 이루기 위해서 문화 교류는 필수다. 남북한 통일의 최종적인 목표는 문화적 통일이다. 서로 다른 문화를 발전시켰지만 상대방의 문화를 존중하고 공존하는 상황이 진정한 통일의 모습이다.

특히 대중문화는 대중들의 일상적인 생활양식과 정체성의 표현이다. 동시대 대중들의 가장 솔직한 취향과 감수성을 들여다볼 수 있는 창이다. 남북한 대중문화의 전파와 교류는 문화적 통합을 이루기 위한 가장 강력한 방식이다. 한류는 북한의 변화를 이끄는 중요한 변수가 될 수 있다.

1990년대 중반 고난의 행군기 이후 북중 경계가 느슨해지고 주민들의 이동이 자유로워진 틈을 타서 남한의 대중가요와 드라마가 중국을 통해 북한으로 흘러들어갔다. 남한 문화에 어두웠던 북한 주민들은 중국을 통해 들어온 남한 가요를 처음에는 '연변 가요'라고 불렀다고 한다. 중국 연변이 남한 대중문화의 통로였기 때문이다.

중국에서 개발된 EVD^Enhanced Versatile Disc 플레이어 혹은 노트텔이라는 기기의 보급 또한 한류의 보급을 촉진했다. DVD나 CD뿐 아니라 USB나 SD카드의 재생도 가능하다. 손톱만 한 16기가 SD카드에 영화를 10편 정도 저장할 수 있고 워낙 소형이어서 단속에 잘 걸리지 않는다.

하지만 김정은 위원장 등장 이후 북한 경제가 살아나고 변방에 대한 통제력을 회복하면서 주민들에 대한 사상 통제도 강화되고 있다. 김정은 위원장은 2014년 신년사에서 "적들의 사상 문화적 책동을 단호히 부셔버려야 한다"고 강조했다. 남북 대화가 재개되기 직전인 2017년 12월 24일에도 "비사회주의 현상과 섬멸전을 벌여라"고 지시했다.

한류는 북한의 체제를 위협하는 위험한 존재다. 따라서 자신 이외에 다른 사람의 문화 소비 행태에 대해서는 알기 어렵다. 개인과 지역에 따라 유행과 선호도에도 큰 차이가 있다. 외부 문화에 호기심이 많은 젊은 층, 이른바 장마당세대는 관심이 많고 전통적 사회주의 사상을 고수하는 기성세대는 관심이 적다. 북중 국경 지역은 한류에 대한 접촉 빈도가 높고 남쪽 내륙으로 올수록 접촉 빈도가 낮다. 특히 수도 평양은 고난의 행군기에도 경제적 타격을 덜 받았고 사상적 이완이 적었기 때문에 다른 지역보다 한류에 대한 관심이 적다. 따라서 남한의 대중문화가 북한 요소요소에 스며들어 있다고 해도 북한의 변화를 견인하는 동기로 작동했다고 보기는 어렵다.

그 와중에 김정은 위원장 부부가 2018년 4월 1일 평양의 동평양 대극장에서 열린 남한 가수들의 공연 '봄이 온다'를 관람하고 참석자들과 일일이 악수를 나눈 일은 매우 이례적이다. 불과 몇 달 전까지 남한의 대중문화를 '자본주의의 황색 바람'이라고 경계하면서 엄격하게 단속을 지시한 것과 대비된다. 나라 안팎의 관심이 집중되는 정상회담에서 지도자로서의 관용을 보여주기 위한 제스처일까?

해답은 김정은 위원장의 스위스 유학 시절에서 찾을 수 있다. 감수성이 예민한 청소년기를 스위스에서 보낸 김정은 위원장은 할아버지나 아버지와 달리 외부 문화에 개방적이다. 이것은 김정은 위원장이 결성한 모란봉 악단의 성격을 통해서도 증명된다. 지도자로서 취해야 할 김정은 위원장의 태도와 그의 개인적 선호는 다르다. 따라서 김정은 위원장은 향후 남한과 문화예술 교류에 더 적극적으로 나설 것으로 예상된다. 단, 과거처럼 북중 국경을 통한 음성적인 수입보다는 북한 당국의 통제하에 남한과 문화예술 교류를 추진할 것으로 보인다.

남북한 간의 교류가 진행될수록 남한의 대중문화는 폭넓게 북한에 알려질 것이다. 북한 사회에서 한류는 남한을 들여다보는 창이자 남북한 문화 충돌을 미연에 방지하는 완충제 역할을 할 수 있다. 이와 동시에 북한의 대중문화도 남한에 더 많이 소개될 것으로 보인다. 향후 남북한의 문화 교류는 단순히 한쪽의 문화적 우월감을 과시하는 지표가 아니라 남북한 상호 이해의 폭을 넓히고 평화로운 분위기를 조성하는 기폭제 역할을 할 수 있을 것이다.

북한 사회에서 한류는 남한을 들여다보는 창이자
남북한 문화 충돌을 미연에 방지하는 완충제 역할을 할 수 있다.

북한은 개혁 개방 중입니까?

> **"위대한 김일성 동지와
> 김정일 동지는 영원히
> 우리와 함께 계신다."**

평양 려명거리에 이런 문구가 적힌 탑이 우뚝 솟아 있다. '영원히 산다'는 뜻을 가진 영생탑(永生塔)이다. 평양 순안비행장에서 백화원초대소로 가는 중간에 있으며, 2018년 9월 문재인 대통령이 평양을 방문했을 때 김정은 위원장과 카퍼레이드를 하면서 지나갔던 곳이다.

북한 여러 곳에 비슷한 영생탑이 서 있다. 영생탑은 '유훈통치(遺訓統治)'의 상징이다. 유훈통치란 한 나라의 지도자가 전 지도자의 유훈(세상을 떠난 사람의 교훈)에 따라서 나라를 다스리는 것을 말한다. 김정은 위원장이 김일성 주석, 김정일 위원장의 유훈을 따르는 통치다. 금수산 태양궁전에 두 선대 지도자의 시신을 안치한 것, 김일성 주석의 출생 연도인 1912년을 주체1년으로 기산한 주체연호, 김일성 주석의 생일인 4월 15일을 태양절, 김정일 위원장의 생일인 2월 16일을 광명성절로 제정한 것도 유훈통치의 방식이라고 할 수 있다.

유훈통치를 강조하면 개혁이라는 말을 할 수 없다. 개혁이란 이전의 방식을 바꾸겠다는 것이므로 선대의 정치가 잘못됐음을 인정하는 모양새가 된다. 자신을 부정하는 꼴이다. 남한 기자들이 김정은 위원장의 변화를 "김정은 위원장의 개혁 개방 정책"이라고 표현하곤 하는데,

북한 관리들은 거부반응을 일으킨다. "도대체 뭘 개혁하겠다는 겁니까?"라며 신경질적인 반응을 보인다. 개방이라는 단어도 마찬가지다. 아직까지 개방은 곧 체제 위협이라는 인식을 갖고 있다.

한편 김정은 위원장의 최근 행보에 대해서 '정상국가'의 면모를 보이고 있다는 표현을 많이 사용한다. 활발한 해외 순방, 부인 리설주 여사와 동행하는 모습이 김정일 위원장의 은둔형 스타일과 다르다는 의미다. 이 '정상국가'란 표현에도 매우 부정적이다. 정상국가의 반대는 비정상국가 혹은 불량국가다. 정상국가의 길로 가고 있다는 표현은 북한이 비정상국가였다는 것과 마찬가지다.

개혁, 개방, 정상국가, 모두 북한에서 반가워하는 용어가 아니다. 북한은 아직 유훈통치 중이기 때문이다.

장마당,
경제의
키워드

북한의 신흥자본가, 돈주

돈주란 전주(錢主)의 북한식 표현이다. 말하자면 북한의 신흥자본가인 셈이다. 초기에는 장마당이 형성되면서 식량을 매개로 돈을 벌어들인 상인, 중국과의 민간무역을 통해 돈을 모은 화교, 현금을 보유한 재일교포 등이 돈주였다. 시장화가 진전되면서 차떼기 장사로 돈을 모은 상인, 마약장사꾼, 밀수업자, 당 간부의 부인 등 다양한 사람들로 확대되었다.

고난의 행군기 중 식량 사정이 악화되자 북중 국경을 비교적 자유롭게 왕래할 수 있는 화교들에게 유리한 사업 기회가 주어졌다. 화교는 중국에서 부족한 식량을 들여오고 북한의 산나물이나 해산물을 중국으로 수출했다. 이후 중국의 다양한 공산품을 공급하면서 시장을 장악해나갔다. 일찍이 중국으로 귀환한 화교들도 단둥이나 투먼 등 국경도시에서 과거의 연고를 지렛대 삼아 북중 무역에 나섰다. 현재 북한에 거주하는 화교는 약 5천 명이다. 북중 국경 출입이 쉬운 연변 거주 조선족 동포들도 비슷한 과정을 거쳐서 돈주가 되었다.

북한에서 '재포'라고 부르는 재일교포는 약 10만 명으로 추산된다. 우리에게는 1959년 이후 북송된 북송교포로 알려져 있다. 북한으로 귀국할 당시 보유한 현금과 이후 친인척들이 송금해준 돈이 그들의 장사 밑천이 되었다. 재일교포들의 초기 상업 활동은 외화 상점과 관련이 있었다. 북한 당국은 재일교포의 구매 편의를 도우면서도 그들이 가진 외화(일본 화폐)를 수거할 목적으로 평양[12]과 각 도소재지에 외화 상점을 개설했다. 외화 상점에서 거래되는 외화 상품(주로 일제 가전제품과 식품)은 일반 주민들이 구할 수 없는 제품들로 선호도가 매우 높았다. 그러나 일반 주민들은 외화 상점에 출입할 수 없었고 재일교포들이 외화 상점에서 산 물품을 주민들에게 되팔아 이익을 남겼다. 외화와 고급 상품의 공급자 역할을 했던 재일교포는 자연스럽게 돈주가 되었다.

토종 돈주들은 초기에는 생계형 장사꾼들이었다. 고난의 행군기에 배급이 중단되고 시장 의존도가 높아지면서 사업을 확장해 돈을 모은 것이다. 작은 장사로 돈을 모은 생계형 장사꾼들은 점차 도매업이나 차떼기를 통해 부를 축적했다. 그밖에도 러시아 벌목공이나 해외 파견 건설 노동자

또는 해외 식당 종업원 출신 등 외화를 벌어 온 사람들이 돈주가 되는 일도 있었다.

현재 북한에서 가난한 집은 부인(어머니)이 없는 집이다. 여성이 시장 활동을 하기 때문이다. 남성들은 직장을 벗어날 수 없지만 여성들은 비교적 자유롭게 직장을 벗어나서 장사를 할 수 있다. 장사를 꺼리는 전통적 사고가 남성들의 시장 활동을 위축시키기도 한다. 북한의 입장에서도 남성들이 시장이라는 공간에 모여서 세력화되는 것은 부담이 된다. 따라서 상대적으로 통제가 용이한 여성들의 시장 활동을 용인하고 있다. 시장에서 돈을 번 사람들이 여성이다 보니 돈주는 대부분 여성들이다. 장마당이 활성화되면서 아직도 전통적 사고에 젖어 있는 남성들을 '낮 전등(쓸모없는 사람)'이라고도 부른다.

돈주는 도매업과 사채업(고리대금업)으로 자본을 늘렸다. 아직 금융기관이 활성화되지 않아서 돈주들이 대차(융자) 업무를 대신했다. 중국과 무역 거래가 늘어나면서 외화의 수요가 많아지자 돈주들은 돈 장사(환전 업무)를 통해 큰돈을 벌었다. 일부 돈주들은 국가 명의를 빌려 운송업이나 식당, 목욕탕과 같은 서비스업에 진출했다.[13] 당이나 정부 기관 혹은 군부의 무역 회사에 소속되어 무역 허가권인 '와크'를 빌려서 지하자원 수출과 공산품 수입을 대행했다. 이런 명의 대여는 운송업, 식당, 광산업 분야에서도 많이 볼 수 있다.[14] 국영 기업소와 외화 벌이 기지 등에도 투자를 했다. 현재는 대규모 살림집 건설 등 건설업으로 영역을 확장하는 추세다.

북한 당국은 시장 활동을 통해 돈을 버는 것을 묵인하고는 있지만 투기 세력에는 정기적으로 엄격한 통제를 가한다. 따라서 돈주들은 항상 불안한 상태다. 그래서 정보 취득이 빠르고 신분이 보장되는 고급 당 간부의 부인들 가운데 돈주가 많다. 신분이 불안한 돈주들은 국가에 돈을 헌납하거나 공채를 매입하기도 한다. 훈장이나 표창을 받으면 위법행위가 있더라도 처벌을 피할 수 있기 때문이다. 김정은 위원장이 "돈의 출처를 묻지 말라"고 지시한 이후 돈주들의 활동 범위도 넓어졌다.

최근 돈주의 정보력을 보완해주는 장비가 생겼다. 바로 핸드폰이다. 핸드폰으로 다른 지역의 상품 정보를 얻기도 하고 환율의 변동 상황을 실시간으로 확인한다. 아울러 다른 지역 돈주와 연계를 강화하는 데도 일조한다. 핸드폰은 교통과 통신의 낙후로 지역적 한계를 벗어날 수 없었던 돈주의 활동 범위를 확대시켰다. 전통적 지역 시장의 성격에서 벗어나지 못했던 북한의 상권이 현대적 유통망을 갖춘 전국 시장으로 일원화되고 있는 것이다.

현재 돈주라고 할 수 있는 사람은 지역마다 편차가 매우 심하다. 시골 지역에서는 미화 5천 달러에서 1만 달러를 보유하고 있으면 돈주라고 하고 대도시 지역은 10만 달러 이상이라고 한다. 100만 달러를 보유한 돈주가 있다는 기사도 있다.[15] 10만 달러 이상 보유자만 약 5천 명으로 그들이 가진 재화 총량이 30~80억 달러[16]나 된다는 흥미로운 주장도 있다.

시장은 자본주의가 성장할 수 있는 공간이자 외부 문화와 정보의 소통 공간이다. 그렇다면 돈주가 체제 변혁의 동력이 될 수 있을까?[17] 결론적으로 말하면 고난의 행군기에 체제의 취약성이 노출되었으나 시장주의가 전통적인 사회주의 경제 시스템을 완전히 대체하기는 어려울 것으로 보인다. 아직 시장에 대한 법적·제도적 장치가 갖춰지지 않아서 현재의 시장 활동은 엄격히 말하면 불법 혹은 비법이다. 따라서 국가의 단속에서 자유로울 수 없다. 게다가 시장 세력, 즉 돈주가 체제 변혁을 주도할 정도로 세력화되고 독립적이라고 보기도 힘들다. 돈주들은 철저히 권력층에 종속되어[18] 전통적 사회주의 메커니즘을 유지하면서[19] 자신들의 권익을 보장받으려는 것으로 보인다. 특히 김정은 위원장 등장 이후 북한의 경제 사정이 나아지면서 통제가 더 강화되었다고 한다. "삼수갑산의 바늘 하나 떨어지는 소리까지 다 보고하라"고 했다는 것이다. 결국 돈주들은 북한의 경제가 새로운 형태로 안착될 때까지 제도와 현실의 차이를 메우는 과도기의 주인공으로 그 활동을 지속하는 정도로만 보인다.

새롭게 들어서는 고급 아파트

일부 외신 기자들은 대동강의 고급 아파트 단지를 '평해튼(평양의 맨해튼)'이라고 부른다. 창전거리(2012년 6월 준공), 미래과학자거리(2015년 11월 준공), 려명거리(2017년 4월 준공) 등이 그곳이다. 이미 20만 달러를 호가하는 아파트도 있다고 한다. 대학 교수의 봉급이 시장 환율로 1달러가 안 되는 북한에서 상상도 할 수 없는 가격이다. 려명거리 아파트 단지 안에는 수영장과 피트니스 시설도 있다. 잘 꾸민 정원과 노인들의 휴식 공간(경로당)도 따로 마련되어 있다.

북한은 주택의 개인 소유가 허용되지 않는다. 주택은 국가 예산으로 건설되는 집단적 소유물이기 때문이다. 법적으로는 중국처럼 건물에 대한 사용 권리, 즉 지상권만 있다. 또한 교환은 합법이지만 거래는 불법이다. 그런데도 돈을 주고 집을 사는 사람이 60퍼센트가 넘는다.

주택 거래는 집문서의 일종인 입사증의 명의 개서를 통해 이루어진다. 초창기에는 주택 거래가 불법인 점을 악용해 권한을 남용하는 공무원이 많았다. 그 부작용을 해결하기 위해 2013년부터 '주택위탁사업소'를 설치했다. 주택 거래가 늘어나면서 '집데꼬'라고 부르는 일종의 부동산 중개사도 등장했다. 이들은 대개 사법기관 공무원 출신으로 주택 소개와 거래에 개입하고, 분쟁이 발생할 경우 무력을 동원해 해결사 노릇까지 한다고 한다.[20]

북한의 주택 거래가 활성화된 근본적인 이유는 주택 보급률이 낮기 때문이다. 북한의 주택 보급률은 70~80퍼센트 정도라고 한다. 그런데 2000년대 중반 이후 돈주들이 주택 시장에 눈을 돌리면서 집값이 급등하기 시작했다. 김정은 위원장 등장 이후에는 정부에서 부동산 개발에 적극적으로 참여하면서 부동산 붐이 조성됐다. 건설 산업 활성화를 통해 민간에 숨어 있는 돈을 끌어내고 경기를 부양하려는 의도였다. 북한은 도심 주변에도 빈 땅이 많아서 새 건물을 건설하기가 수월하다. 집값이 싼 지

평해튼으로 불리는 려명거리의 고급 아파트들.

방 도시의 헌 집을 사서 재건축을 하는 경우도 많다.

예전에 통일거리와 광복거리의 아파트는 내부가 러시아식이었으나, 최근에는 중국의 아파트와 유사한 것이 많다. 중국의 설계 도면을 그대로 도입해서 건설하는 경우가 많기 때문이다.

주택 건설은 크게 두 가지 방식으로 진행된다. 하나는 국가가 직접 나서서 건설하는 방식이다. 국가기관이 정책적으로 대규모 단지를 개발하여 국가공훈자들에게 무상으로 공급한다. 입식 부엌, 타일을 입힌 욕조뿐 아니라 내부 장식까지 완벽하게 갖추고 있다. 원칙적으로 매매가 금지되고 국가가 철저히 관리한다. 북한이 자랑하는 려명거리, 미래과학자거리, 창전거리가 그 경우다.

다른 하나는 돈주들이 국가기관 기업소의 명의를 빌려 시행하는 경우다. 국가기관 기업소에서 돈주들에게 특혜를 약속하고 공사를 맡기는 경우도 있다. 돈주가 디벨로퍼developer, 즉 개발업자인 셈이다. 그러나 원칙이 있는 것은 아니고 각 건설 현장마다 개발 주체와 지분이 모두 다르다. 기존의 주택을 허물고 그 자리에 새로운 건물을 짓거나 빈 땅을 개발한다. 완성되면 국가기관, 기존 주택의 거주자, 돈주가 일정 비율로 나누어 가진다. 건물의 골조만 갖춰지면 분양하므로 내부 장식은 입주자가 직접 해야 한다. 남한의 주택조합처럼 돈주들이 아파트를 건설하는 경우도 있다. 최근에는 상업은행에서 대출도 가능하다고 한다.[21]

평양의 아파트는 중앙난방이 잘되거나 지하철역이 가까운 곳이 비싸다. 지방은 상수도 사정상 수원지와 가까운 곳이 인기라고 한다. 평양 외에도 중국과 국경무역이 활발한 신의주나 전국적인 도매시장이 발달한 평성의 아파트 가격이 비싼 편이다. 고층 아파트는 전기난의 영향을 받아서 대체로 저층이 로얄층이다. 위치에 따라서는 장사를 할 수 있는 1층이 다른 층보다 비싸다.

북한의 주택 건설 붐을 우려하는 목소리도 있다. 과도한 건설 붐과 투자가 재원의 왜곡을 가져와 실제 경제성장에는 큰 도움이 되지 않는다는 지적이다. 하지만 주택 경기의 활성화가 체제 이행의 주요한 동기를 부여했다는 반론도 강하다. 주민들이 재산 소유권에 눈을 뜨면서 자산에 대한 객관적 평가가 진행되고 더 나아가 산업구조가 합리적으로 재편되는 과정이라고 평가한다. 부동산 경기의 활성화는 부동산을 시장구조에 편입시키며 수익 창출, 자본의 축적, 재투자라는 경제순환 시스템을 만드는 역할을 하고 있다. 따라서 부동산 시장은 다른 어떤 분야보다도 북한의 산업화에 큰 파급력을 가져올 것으로 예상된다.

택시와 써비차

"서울에서 평양까지 택시 요금 5만 원, 소련도 가고 달나라도 가고 못 가는 데 없는데, 광주보다 더 가까운 평양은 왜 못 가."

〈서울에서 평양까지〉라는 노래의 가사다. 냉전 시기의 분단과 단절의 아픔을 토로한 노래다. 그런데 곧 택시를 타고 서울과 평양을 오갈 수 있는 날이 열릴 것 같다.

평양의 변화 중 가장 눈에 띄는 것이 택시의 등장이다. 평양을 처음 방문했던 1998년에도 택시는 있었다. 1989년 세계청년학생축전 때부터 있었다고 한다. 육중한 크기의 오래된 벤츠 차종으로 주로 고려호텔과 순안비행장을 오가는 셔틀형 택시였다. 그런데 2018년 평양에 가보니 시내 곳곳에 택시가 넘쳤다. 평양의 중심구인 본평양(모란봉 구역, 중구역, 평천 구역, 보통강 구역)의 크기가 서울 강남 3구 절반 정도니까, 넘쳤다는 것이 결코 과장이 아니다. '알락이 택시'라고 부르는 알록달록한 색상의 택시가 회색 도로에서 존재감을 자랑하고 있었다.

평양의 택시는 2011년 12월경 중국에서 도입되었다. 2014년에 1,000대 정도였던 택시의 수는 2017년에 1,500대로 늘었다.[22] 2018년에는 2,500여 대가 운행되고 있다. 택시가 늘어나면서 홀짝번호에 따라 2교대로 운행된다.

택시 요금은 2킬로미터 기본요금이 1달러다. 1킬로미터를 갈 때마다 0.5달러가 추가되고 야간에는 1킬로미터에 1달러로 2배를 받는다. 계산은 대부분 달러로 한다. 최재영 목사의 말에 따르면 택시 기사들은 북한의 공식 화폐인 '국돈'보다 달러를 더 좋아한다고 한다. 2009년 화폐개혁 이후 국돈의 신용도가 현격히 저하되었기 때문인 것으로 보인다.

현재 평양의 택시 회사는 10곳이 넘는다. 대외봉사총국, 대동강여객

운수사업소, 운수무역회사 등이다. 차종은 통일교의 남북합영기업인 평화자동차 제품도 일부 있으나 지금은 대부분 중국제 자동차다. 새 차 가격은 대략 1만 달러 정도이며 중고차는 차량 상태에 따라서 가격이 제각각이다. 개인이 차량을 직접 구입해 택시 회사에 등록해서 운행하는 경우도 있다. 우리식으로 말하면 '지입제'다. 1일 지입금은 연료를 회사에서 공급받느냐 아니냐에 따라 80~95달러 사이에서 결정된다[23]고 한다. 핸드폰이 보편화되어서 승객들이 전화로 택시를 부르면 시내에서는 바로 달려온다. 이런 택시가 평양 외에도 라선, 신의주, 원산, 청진 등 지방 대도시로 확산되고 있다.

시장의 발전으로 주민들의 이동이 증가했지만 교통 사정은 그다지 나아지지 않았다. 특히 전력 사정으로 철도 운행이 차질을 빚으면서 지역과 지역을 연결해주는 운송 수단이 등장했다. 개인사업가가 운영하는 '벌이버스'로 주로 중국에서 수입한 차량들이다.

써비차는 화물 적재함에 사람과 물건을 같이 싣고 돈을 받는 트럭을 말한다. 지붕이 없어 햇볕과 비에 그대로 노출되고 겨울에는 추위에 떨어야 한다. 사람이 화물 적재함에 타기 때문에 사고가 나면 대형 인명사고로 이어지기도 한다. 그럼에도 불구하고 장거리 교통수단이 부족한 북한에서 저렴한 비용으로 지방을 이동하기에 유용하다.

경제적 필요성 때문에 다양한 이동 수단이 보급되었고, 이동 수단의 보급은 지역 간 정보의 유통을 촉진하고 주민들의 의식을 확장시키는 역할을 한다. 북한은 여전히 거주 이전의 자유가 보장되지 않는 나라다. 개인이 다른 지역을 자유롭게 드나든다는 것은 하나의 특권이자 북한의 기존 질서에 도전하는 중대한 행위이기도 하다. 특히 택시는 주민 개인에게 이동에 대한 의사 결정권을 부여함으로써 개인주의를 확립시키고 자유 의식을 확대시킨다. 국가나 집단의 의사보다는 개인의 의사가 강조되는 현상이다.

자유로를 통해 서울에서 평양까지 달리면 약 250킬로미터의 거리라고 한다. 서울택시를 타면 차비가 25만 원이고 평양택시를 타면 15만 원이다. 왕복 40만 원. 휴전선을 가로질러 평양까지 갈 수만 있다면 그 정도 택시비는 과감하게 지불하고 달려갈 사람들이 많을 것이다.

평양에는 10여 개의 택시 회사가 성업 중이다.

북에서도 핸드폰을

평양 사람들이 걷는 자세가 달라졌다. 정면을 응시하는 당당한 자세, '배움의 천리길'을 걷듯 겸손하지만 빈틈없어 보이는 평양 시민 특유의 보행 자세가 사라져간다. 핸드폰 때문이다. 북한 사람들은 '손전화' 또는 '터치폰'이라고 부른다. 남한처럼 평양에서도 사람들이 핸드폰에 시선을 두고 있다. 지하철이나 버스를 탄 사람들도 핸드폰만 쳐다본다. 거의 500만 대가 보급되었다고 하니 핸드폰을 가지고 있는 사람은 2500만 인구에 다섯 명 중 한 명꼴이다. 서비스가 되지 않는 두메산골을 제외하면 한 가구당 한 대인 셈이다.

북한 핸드폰의 역사는 2002년에 시작된다. 당시 태국의 록슬리사와 북한 체신성이 합작해 2002년 11월 GSM 방식의 서비스를 시작했다.[24] 평양과 나선에 기지국이 설치되어 한정된 지역에서만 통화가 가능했고, 가입자도 핵심 고급 간부에 한정돼 있었다. 정보 통제가 엄격한 사회에서 핸드폰으로 원거리 통화를 한다는 자체가 대단한 일이었다. 그런데 2004년 4월 평북 룡천역 열차 폭발 사고가 발생하면서 핸드폰 사용이 전면 금지되었다. 정보 유출을 우려한 북한 당국에서 서비스를 중단시킨 것이다.

하지만 북한도 정보 통신의 세계적 추세를 외면할 수 없었다. 2008년 12월 북한은 체신성과 이집트의 통신사인 오라스콤의 합영회사인 고려링크를 설립했다. 3G 방식으로 문자와 사진을 전송할 수 있고 식당 예약도 가능하다. 서비스를 개시한 초기에는 중국 다탕(大唐)전자 계통의 핸드폰을 수입해 판매했으나 현재는 자체 개발한 아리랑 제품을 판매하고 있다. 핸드폰의 일상화·생활화가 활발히 진행되고 있다. 핸드폰의 보급과 유통 과정에 국가가 적극 개입하기 때문이다.

상인들은 핸드폰으로 다른 지역의 시장조사를 한다. 핸드폰 덕분에 지역 간 시장 환율이나 물가 차이가 나지 않는다. 예전에는 외국인들이 북한을 방문하면 예외 없이 공항이나 국경검문소에 핸드폰을 맡기도록 되어 있었다. 그러나 2013년 이후 외국인뿐 아니라 남한 사람도 자유롭게 반입이 가능하다. 6달러 정도의 유심을 구입하면 북한 내에서도 사용할 수 있다. 북한 내부의 통신망을 통해서는 외국과 통화가 불가능하지만 호텔이나 외국 대사관 부근에서는 인터넷 접속도 가능하다. 따라서 특정 지역에서는 서울로 문자를 주고받을 수도 있다.

현재 이동통신 사업자는 오라스콤 외에도 강성네트와 별이 추가되어 세 개가 운영되고 있다. 이동통신 사업이 확대되면서 쇼핑이나 배달 전문 앱 등 다양한 서비스가 제공된다. 로동신문도 핸드폰으로 볼 수 있다. 우리는 새로운 기기의 발명이 발명자의 기대와는 다른 방향으로 발전되는 경우를 자주 보았다. 핸드폰이 북한 내부의 관계망을 활성화시킬 뿐 아니라, 남북의 교류를 촉진시키고 이질감을 해소하는 통로가 되기를 바란다.

★

2018년 11월,
다시 만난
평양

5년 만의 방북,
순안비행장의 돌발 사건

"이 사진 지우십시오!"

5·27남북정상회담을 기념하기 위해 연출한 사진이 문제가 되었다. 도보 다리 회담 당시의 남북 정상의 모습을 본떠 만든 인물 형상 가운데 앉아서 찍은 사진이다. 핸드폰에 있는 천 장이 넘는 사진 중에 그 사진이 있다는 걸 까맣게 잊고 있었다. 설마 핸드폰 사진을 일일이 다 검사할 줄은 몰랐다. 자칫 입국에 차질이 생길까 걱정이 되었다.

"두 정상의 역사적인 회담을 기념하기 위해서 찍은 사진입니다."

"우리 공화국에서는 수뇌 분을 만화처럼 형상화하는 것은 허용되지 않습니다."

이럴 때는 두말없이 그들의 요구를 따르는 것이 최선이다. 로마에서는 로마법을 따르듯. 그런데 웬걸, 삭제가 되지 않는다. 아무리 지워도 사진이 다시 나타났다. 조바심이 났다. 일부러 시비를 만드는 것으로 오해하지 않을까 걱정이 되었다. 취재를 시작하면 충돌할 일이 다반사일 텐데 처음부터 공연한 일로 긴장 관계를 만들게 됐다.

"선생님, 그럼 이 손전화는 공항에 놔뒀다가 돌아갈 때 찾아가십시오."

나의 모든 정보가 담겨 있는 핸드폰을 맡기라니! 필사적으로 삭제 방법을 찾았다. 저장 공간이 꽉 차서 그런 건가? 설정에 있는 모든 기능을 동원했지만 마술이라도 걸린 것처럼 사진이 되살아났다. 결국 출국장을 먼저 나갔던 일행이 돌아와 삭제를 도와줬다.

이어서 노트북을 검사했다. 등에 식은땀이 났다. 혹시 예상치 않은 문서가 나타나면 어떡하지? 문득 지난봄에 탈북자를 인터뷰한 내용이 걱정되었다. 이럴 줄 알았으면 핸드폰이고 노트북이고 아예 놔두고 올걸 하는 후회가 되었다. 다행히 노트북에는 문제가 없었다. 하지만 나 때문에 함께 방북한 단체 입국이 20여 분 늦어졌다. 만약 방북할 일이 있다면 핸드폰과 노트북의 사진, 문서는 미리 확인하길 권한다.

"우리 공화국에서는 수뇌 분을 만화처럼 형상화하는 것은 허용되지 않습니다." 곤욕을 치른 그 사진.

새로 단장한 평양 순안비행장.

달라진 의료 시스템

5년 만의 방북이었다. 어린이의약품지원본부 이사 자격으로 의료인, 활동가와 함께 방북했다. 미래의 통일 세대를 위한 보건의료 협력이 목적이었다. 북에서는 '지원'이라는 표현을 좋아하지 않는다. 북측 민화협(민족화해협의회)에서 남측의 인도 지원 단체를 담당하는 부서 이름도 '협력부'다. 남북 사이 최초의 인도적 지원이 1984년 남한 수해 당시 북한 측에서 물자를 보낸 일이라는 역사를 보면, 지원보다는 상호 협력이라는 표현이 합당하다는 생각도 든다.

다행히 숙소는 고려호텔이었다. '다행'이라고 하는 이유는 대동강의 섬 가운데 있는 양각도호텔이나 한적한 숲속의 보통강려관에 비해 고려호텔은 평양의 번화가인 창전거리에 있기 때문이다. 출퇴근 시간은 물론 낮에도 많은 사람들이 호텔 앞을 지나간다. 평양역까지는 걸어서 5분 거리다. 호텔 창문으로 길 건너편 아파트의 베란다가 훤히 보인다. 평양의 분위기를 느낄 수 있는 최선의 장소다.

우리 일행 10명은 첫날 저녁 환영 만찬을 시작으로 비교적 빡빡한 3박 4일간의 일정을 소화했다. 어린이의약품지원본부에서 설립한 만경대어린이종합병원, 이른바 '주체적 보건정책'에 의해 최근 건설된 옥류아동병원, 류경안과종합병원, 류경치과병원 등을 방문했다. 그 밖에 평양 교외의 평양치과위생용품공장과 창전남새협동농장도 방문했다.

북측의 모든 변화가 그렇듯, 남북 관계가 단절된 10년 전에 비해 보건

위생 분야도 눈에 띄게 달라졌다. 인트라넷을 이용한 '먼거리의료봉사체계(원격의료시스템)'는 교통·통신의 한계를 극복하면서 특성에 맞는 진료시스템을 구축하기 위한 나름의 노력으로 보였다. 김정은 위원장의 지시로 건설된 옥류아동병원은 어린이들의 심리적 안정을 위해서 수백 장의 그림동화로 벽을 장식한 것이 인상적이었다. 안과에서 안경을 제작하고, 치과에서 치과 재료를 제작하는 '원스톱 시스템'은 상업적 이해관계에 익숙한 우리에게는 신선한 모습이었다. 아이가 입원할 때는 엄마도 환자복을 입고 같이 입원하는 모습도 특이했다.

모든 환자가 이런 훌륭한 혜택을 받는지, 모든 진료를 무상으로 진행하는지 확인하기는 어려웠지만 대북 제재라는 제한된 여건 속에서 세계 수준의 보건 지표를 달성하기 위해 노력하는 의료 전문가들의 열정만큼은 생생히 느낄 수 있었다.

변한 것과 변하지 않은 것

1998년 북한을 첫 방문한 이래 20년이 지났다. 북한도 많이 달라졌다. 특히 김정은 위원장 집권 이후 변화가 눈에 띈다. 택시가 많아졌고 새로운 건물이 들어섰다. 행인들의 옷차림이 화려해졌고 거의 모든 행인들의 손에 핸드폰이 들려 있었다. 상점에는 다양한 상

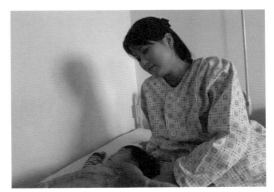

만경대어린이종합병원에 아픈 아이와 함께 입원한 엄마.

20년 전이나 지금이나 변하지 않은 평양의 여성 교통보안원.

품이 진열되어 있었다. 20년 전 동평양백화점에 갔을 때 가공식품은 '빵', '콩사탕', '색사탕', '맛있는 과자(비스킷 상표 이름)' 단 네 가지였다는 것을 떠올리면 그야말로 상전벽해다. '인민들의 생활수준 향상'이라는 구호가 말뿐 아니라 현장에서 실현되고 있다는 것을 짐작할 수 있었다.

길거리를 걷는 주민이든 식당이나 가게 종업원이든 평양 사람들 모두 활기에 차 있었다. 일정한 경제적 성과에 대한 자신감 덕분이 아닐까 싶었다. 북한을 이야기할 때 가장 어려운 점은 데이터가 부족하다는 것이다. 그래서 본 것에 의존해서 말할 수밖에 없음을 이해해주길 바란다.

아쉬움이 없는 것은 아니다. 평양행 고려항공, 조선중앙TV, 옥류관 랭면 등 사람들이 많이 모이는 공간의 모든 모니터에는 늘 같은 영상이 반복되고 있었다. '려명거리, 미래과학자거리, 문수물놀이장, 능라곱등어관, 미식령 스키장' 등 최근 북한이 개발한 시설들의 모습이다. 우리 TV에도 자주 소개된 장면이다. 결국 눈에 띄는 몇몇 장소 외에 새로운 건 없는 것이 아닌가 하는 의구심이 들었다. 눈에 띄는 선전물에만 자원을 과도하게 투자해 자원 분배의 왜곡을 초래하지는 않을까 하는 우려가 들기도 했다.

하지만 전략적으로 보면 일정한 지역에 자원을 집중적으로 투자하는 것이 효율적일 수도 있다. 중국의 '선부론'이 바로 그것이다. 일부가 부유해지면 이것을 모델로 다른 지역으로 확산시킨다는 전략이다. 중국은 동쪽 특구와 해안 지역을 먼저 개발한 뒤, 서부와 내륙으로 확산시켜 나갔다. 고난의 행군기라는 재난 상태를 극복하고 막 이륙을 시작한 북한은 대북 제재라는 위기에 봉착해 있다. 이런 상황에서 한정된 자원을 모든 곳에 골고루 나눠주면 어떤 일도 할 수 없지만 한 곳에 집중시키면 효과적인 사업을 할 수 있다. '선택과 집중' 전략이다. 대북 제재 속에서 이룩한 평양의 발전 모델이 지방으로 점차 확산될 것이라는 낙관적인 기대를 해본다.

빠다과자, 흰쌀강정, 락화생과자, 흰쌀튀기과자, 소불고기, 즉석국수 등 다양한 상품들.

저수지만 있으면 물은
쉽게 고인다

북한의 현실을 이해하는 데 매우 설득력 있
는 설명을 들었다. 동행한 한양대학교 의과대학 신영전 교수는 '저수지론'
으로 북한을 분석했다. 그는 북한을 비슷한 국민소득을 가진 다른 나라
와 같은 수준으로 낮게 봐서는 안 된다고 했다. 사스가 유행할 때, 중앙에
서 예방을 위한 포고문이 떨어지면 다음 날 함경도 오지의 말단 행정단위
에 예방 포스터가 붙는다고 한다. 통제 시스템과 의료 시스템이 효율적으
로 함께 작동한 결과다. 교육 수준이 높아서 주민들의 정책 이해도도 무
척 높다. 현재 경제 사정으로 제대로 시행되고 있지 않지만, 이미 오래전
부터 체계적인 노령 연금 시스템도 갖추고 있었다.

신영전 교수는 북한의 의료 체계는 마치 잘 건설된 저수지 같다고 말
했다. 대북 제재가 풀려 경제가 돌아가면, 즉 저수지에 물만 채워지면 중
국보다 빠른 회복력을 보일 것이라는 예상이다.

강화된 통제 시스템

열 번 이상 평양을 다녀왔지만 이번처럼 촬

영에 제약이 많았던 적은 없었다. 평양거리 촬영은 물론이고 주체사상탑 위에서도 촬영에 제한을 받았다. 이번에 우리를 초청한 부서는 민화협의 민간 협력 담당이다. 언론 취재를 안내한 경험이 없기 때문일 수도 있다. 하지만 이전에는 순안비행장의 출국장에서 세관원이 영상을 일일이 다시 검열하고 삭제하는 경우는 없었다.

김정은 위원장 등장 이후 검열이 강화되었다는 느낌이다. 사실 옛날에는 겉으로는 엄한 것 같지만 대충하는 경우가 많았다. 통제가 강화되었다는 것은 경제가 살아나면서 국가의 행정 시스템이 복원되고 있다는 증거로 보인다. 김정은 위원장은 "함경도 삼수갑산의 바늘 하나 떨어지는 소리까지 보고하라"고 지시했다고 한다. 북한 입장에서 보면 체제가 안정을 찾아가는 과정인 것이다.

다른 한편으로는 국가 주도의 강력한 통제하에 개방을 진행하겠다는 의지도 엿보인다. 변화에 맞춰 외부 세계와 접촉은 하되 모기장을 쳐서 해악은 걸러내고 필요한 문물만 받아들인다는 것이다. 이른바 '모기장이론'이다. 김일성 주석, 김정일 위원장 시대에 이미 등장했던 구호지만 김정은 위원장 시대의 모기장이론이 더 힘을 받는 것은 그만큼 개방의 의지가 강함을 보여주기 때문이다.

공급자 중심 사회에서
소비자 중심 사회로

이전 방북자들이 음식 맛이 일품이라고 말한 은정종합봉사소에서 점심을 먹은 적이 있다. 주로 결혼식 피로연을 하는 대형 식당이다. 배의 속을 파내고 물김치를 담아서 숙성시킨 배김치 등이 무척 맛있었다. 방북 전에 감기 기운이 좀 있었는데 배김치를 먹고 뚝 떨어질 정도였다.

은정종합봉사소에서 눈길을 끈 것은 봉사소 입구에 세워둔 사람 키만 한 케이크였다. 다양한 모양으로 만들어서 근사하게 전시하고 있었다. 이전에는 보지 못한 제품으로 '축빵'이라고 했다. '축하빵'이라는 뜻이다. 북한은 신조어를 만드는 감각이 뛰어난 듯하다. 대형 축빵의 등장은 웨딩 산업이 활성화되고 있음을 보여주는 증거다. 이전의 결혼식은 신부 집에서 친척들이 모여 아침 식사를 같이하고, 낮에 혁명 사적지에서 기념 촬영을 한 뒤 저녁에 신랑 집으로 가서 첫날밤을 지내는 형식이었다. 최근에는 경치 좋은 곳에서 웨딩 촬영을 하고 시내 예식장에서 피로연 겸 결혼식을 올린다. 축빵은 생일, 회갑연 등에도 등장하지만 주로 결혼식 때 많이 찾는다고 한다.

식당 바로 앞에는 금흥약국이라는 약국이 있었다. 다양한 약품이 시장 가격으로 거래되었다. 안내를 담당했던 민화협 참사는 기본적인 약품

중구역 은정종합봉사소의 배김치. 하노이 북미만찬장에서도 인기를 끌었다.

은 병원에서 지급받되 추가로 필요한 약은 약국에서 직접 구입한다고 했다. 처방전은 따로 없었다.

동행한 약사 선생님과 약국을 구경했다. 내부 구조는 우리 약국과 비슷했으나 다양한 약품 광고가 눈에 띄었다. '세계적인 명약 금당2 주사', '20대에도 클 수 있는 키 크기 명약', '고성능 반도체 레이저 치료기' 등 흡사 남한의 마트에서 손으로 쓴 광고를 보는 것 같았다. 경제구조가 배급 중심에서 시장 중심으로 바뀌면서 소비자의 시선을 끄는 광고에도 적극적이라는 것을 볼 수 있었다.

더 적극적인 광고는 호텔 객실에 있었다. 우리가 묵은 고려호텔 객실에 '금컵체육인종합식료공장'에서 배포한 달력이 하나 걸려 있었다. '1월, 기능성 과당 음료', '4월, 바나나 비타향 음료', '10월, 천연 꿀 음료' 등 매달 다른 광고 사진을 실어놓았다. 한눈에 봐도 소비자의 구매력을 자극하는 사진임을 알 수 있다. 또한 'ISO 22000 식품안전관리체계인증을 받았습니다'라는 문구를 더해 안전한 식품임을 소개할 뿐 아니라 국제 규격에 적합함까지 보여준다.

물자의 공급이 시장 중심 체계로 바뀌면서 소비자의 눈높이를 맞추려는 노력이 엿보인다. 과거 국가에서 주민들의 생필품을 공급할 때는 주민들의 의사를 참고는 하되 최종적인 의사 결정권은 공급자, 즉 국가였다. 그런데 배급제가 축소되면서 생필품의 선택권은 주민, 즉 소비자에게 넘어갔다. 이제 북한은 생필품을 중심으로 의사 결정권이 공급자에서 소비

자로, 더 나아가 국가 중심에서 개인 중심으로 전환되고 있다. '체제의 전
환'까지 확대 해석하는 것은 무리지만 북한 사회가 시장의 등장과 함께 다
양한 변화의 과정에 있음은 확인할 수 있었다.

평양 중구역에 있는 금흥약국.

북한 사람
일대일로
만나기

2장

이제 본격적인 이야기를 할 것이다. 장마당과 시장경제가 북한 주민들에 관한 내용이라면 이제부터 북한 관료와 시스템에 관해 이야기할 것이다. 북한과 교류를 시작하는 남한 사람은 먼저 관료와 접촉하게 되고 북한의 관료주의와 맞닥뜨리게 된다. 북한의 관료주의는 지난 70년간 생성되고 다져진 제도로 앞으로도 쉽게 바뀌지 않을 것이다. 우리가 원하든 원하지 않든 독특하고 공고한 벽과 같은 이 시스템과 마주하고 싸우고 타협하고 설득하고 협조하면서 합의점을 찾아야 한다. 돌아갈 길이 없는 이상 우리에게도 북한의 관료주의는 동행해야 할 운명이다.

지금부터 하는 이야기는 필자가 20년간 대북 사업의 일선에서 체험한 내용이다. 학자들의 주장처럼 고명하고 논리적이며 격조 있는 내용이 아니다. 매우 현실적이며 유치하기까지 하다. 비싼 수업료에 비해 지금 당장 얻는 것은 별로 없는 공부였다. 남북 간의 관계는 신념과 열정만으로는 성공할 수 없다. 수익보다는 투자가, 노력보다는 인내력이 더 빛을 발하는 영역이다.

다시 남과 북의 빗장이 열리고 있다. 넓은 들판에 펼쳐진 노다지를 좇듯 혹은 한여름 밤의 불나방처럼 수많은 사람과 단체가 북한 특수에 달려들고 있다. 말릴 수도 없고 말려서도 안 된다. 전망이 좋은 곳에 이익이 있고, 이익이 나야 통일 사업도 활성화된다. 낭만적인 이상과 사명감만으로 사업을 수행하던 시기는 지났다. 이익과 이상이 결합되어야 최상의 성과가 난다. 그러나 이질적인 문화의 충돌로 발생할 수 있는 부작용은 최소화해야 한다. 효율적인 교육과 관리가 필요하다. 나의 성공이 우리의 성공이다. 실패 없는 거래를 위해 함께 고민해보자.

그들이 절대
원하지 않는
세 가지

장마당의 활성화, 배급 체계의 변화, 교통
과 통신의 발전, 김정은 위원장의 경제중심주의 정책, 장마당세대의 활약
과 개인주의의 성장 등 새로운 모습으로 등장하고 있는 북한에 대해 우리
는 어떤 자세를 가져야 할까? 여전히 편견과 적대감으로 무장한 채 타도
의 대상으로 볼 것인가? 아니면 21세기 새로운 국제 질서 속에서 공동 번
영을 위한 협력자로 손을 내밀 것인가?

협력하기로 했다면 정신을 제대로 무장해야 한다. 북한을 경계하자
는 뜻이 아니다. 그들의 업무 특성과 시스템을 제대로 파악하자는 말이
다. 무조건 북한을 부정적으로 보는 것도 문제지만 맹목적인 지지와 신뢰
를 보내는 것도 바람직하지 않다. 그들이 뿔 달린 도깨비는 아니지만, 인

류의 이상을 실현한 선구자도 아니기 때문이다. 우리 민족이 다시 일어설 수 있는 천재일우의 기회를 날려버리지 않으려면 진지하고 냉정하게 북한을 분석하고 평가해야 한다. 다소 불편하더라도 잘못된 관행은 없는지 살펴보고 개선 방식을 고민해야 한다. 현실의 문제점을 외면하는 것은 북한의 붕괴를 획책하는 것과 마찬가지다. 진정 민족을 사랑하고 함께 잘살기를 원한다면 비판적 시각을 견지하고 합리적 대안을 모색해야 한다.

남한에서 민간 차원의 대북 사업은 순수한 열정에서 출발한다. 일단 만나기 전에는 '민족 공동체', '동질성 회복', '평화'의 이상을 가슴 가득 품고 있다. 각자가 사업의 주체다. 반면 북측 파트너는 국가기관의 조직원이다. 따라서 개별적인 사업 주체는 아니다. 대체로 조직의 의사를 전달하는 심부름꾼이다. 이 상황을 '좋다, 나쁘다'로 평가할 수는 없다. 남과 북은 전혀 다른 사회 시스템을 가졌기 때문이다. 북한 땅을 밟기 전에 반드시 명심해야 할 세 가지가 있다. 하나씩 알아보자.

그들은 민주투사를 환영하지 않는다

"그 영감, 다시는 보고 싶지 않소!"
남한의 통일 운동가 한 사람이 평양을 방문했다. 시민단체 대표들과 기념행사에 참가하는 일정이었다. 예정보다 한참 늦은 오후 3시경, 그들을 태운 비행기가 평양 순안비행장 활주로에 내렸다. 순안비행장에서는 환영조 200여 명이 붉은 꽃송이를 들고 기다리고 있었다. 양복을 입은 남성과 한복을 입은 여성들이었는데, 이날은 유독 연세가 드신 분들이 많았다. 항공기 문이 열리고 시민단체 대표들이 트랙을 내려오자 그들은 신호에 맞춰 일제히 소리쳤다.

"조국!"

"통일!"

환영조 어르신들은 그때까지 점심을 거른 채 대기하고 있었다. 오전에 도착하기로 했던 비행기가 오후 3시에 도착했기 때문이다. 몇몇 인사의 방북 허가가 나지 않아 서울에서 이륙이 지연되었던 것이다.

당시 순안비행장에는 200여 명이 점심을 먹을 공간이 없었다. 식당이라고는 공항청사 2층 한쪽에 테이블 서너 개가 있는 스낵바밖에 없었다. 지연 도착에 대비해 미리 음식을 준비하지도 않았다. 준비할 수도 없는 환경이었다. 한 시간에 한 번 순안비행장에서 평양 시내로 들어가는 버스가 있지만 점심을 먹으러 다녀오기에는 시간이 너무 걸렸다.

노동당 창건 기념행사 취재와 김일성광장 생방송 뉴스 진행을 위해 현장에 미리 와 있던 우리 취재진 네 명은 스낵바에 가서 중국제 컵라면을 주문했다. 점심 대용으로 주문할 다른 음식도 없었다. 환영 인파는 모두 어디로 이동했는지 공항 주변은 조용했다. 그런데 화장실을 가기 위해 스낵바 문을 열고 나온 순간 깜짝 놀랐다.

정장 차림의 관리들이 소리를 죽이고 청사 2층 소파에 비스듬히 누워 있거나 벽에 기대어 서 있었다. 심지어 우리가 알 만한 고위층의 얼굴도 보였다. 환영조 어르신들과 꽃을 전달할 화동들은 청사 앞 활주로에 쪼그리고 앉아 있었다. 에너지 대사 활동을 최소화하기 위한 자세로 보였다. 고난의 행군기가 끝나갈 무렵이었지만 당시 북한에서는 익숙한 풍경이었다.

사정을 모르고 순안비행장에 도착한 남한 손님들은 평양 시민들의 열렬한 환영에 감격해 마지않았다. 구호를 외치는 어르신들 앞을 손을 흔들며 '천천히' 지나갔다. 그리고 각자의 이름이 붙어 있는 구형 벤츠에 올라탔다. 그때 돌발 상황이 벌어졌다. 갑자기 그 통일 운동가가 차량에 탑승하기를 거부한 것이다. 그를 마중 나온 안내원은 어쩔 줄을 몰라했다. 이런 일이 일어나리라 예상을 하지 못했던 것이다. 내가 달려갔다.

"선생님, 왜 차를 안 타십니까?"

"나는 이런 차 안 타겠어. 저 뒤에 있는 조그만 차를 탈거야."

그는 우리 취재진이 타고 온 봉고차로 혼자 걸어갔다.

"선생님, 여기에서는 이분들 통제에 따르셔야 합니다. 안 그러면 실무자들이 힘들어집니다."

내가 따라가면서 말렸지만 그는 손사래를 치며 봉고차에 오르려고 했다. 일렬로 출발하려던 벤츠 탑승자들은 원로 운동가의 낯선 행동을 물끄러미 바라보고만 있었다. 북측의 담당 안내원이 안절부절못했지만, 그는 여전히 자신에게 배정된 차량을 거부했다. 그 차가 외제인 '벤츠'여서 그런 건지 북한의 어려운 경제 사정에 혼자 호사를 누릴 수 없다는 속 깊은 결정인지는 알 수 없었다. 사실 벤츠라고 하지만 너무 낡아서 문짝 모서리에 녹이 슬었고 타이어는 닳아서 반질반질했다. 그 차에 탄다고 해서 특혜라고 시비를 걸 사람은 아무도 없었다. 오히려 사고 위험성을 감내하고 북한 측의 호의를 받아들인 용기를 칭찬해야 할 정도였다.

결국 그는 마지못해 벤츠에 탑승했다. 그 사건은 그의 3박 4일 일정의 서막에 불과했다. 그는 평양에 머무는 동안 사사건건 마음에 들지 않는 일을 지적했다. 남한으로 돌아간 그 운동가는 북에서 기피 인물이 되었다.

"그 영감, 다시는 보고 싶지 않소!"

한때 북한에서는 남한의 민주투사를 모두 친북 인사로 오해한 적이 있다. 그러나 민주투사는 어딜 가나 민주주의를 요구하는 '까다로운' 사람이라고 파악하고 그 시각을 거두었다. 바로 그 통일 운동가가 북한의 오해를 바꾸는 데 결정적인 역할을 한 것으로 보인다. 적의 적은 아군인 것처럼 보이지만, 실제로 적의 적은 나에게도 적인 경우가 더 많다.

또 다른 민주투사 이야기다. 남에서는 제대로 대접받지 못했지만 북에 가면 인정을 받을 것이라고 기대하던 선배가 있었다. 명망가는 아니지만 주요한 민주화 운동에는 거의 빠지지 않고 참여한 성실한 분이었다. 그는 평양 순안비행장에 도착하자마자 대단한 선물 보따리를 푸는 양 자신의 민주화 운동 경력을 조근조근 소개했다. 물론 그 자리에 있는 북한의 일꾼들은 대단하다고 치켜세웠다. 그들도 어느 정도 사람을 대접할 줄은 안다. 하지만 그게 끝이다. "그래서 당신이 우리에게 해줄 수 있는 게 뭔데? 강력한 대정부 투쟁을 다시 해서 북의 대남 정책이 먹히도록 해줄 거야? 아니면 그냥 조용히 계시다가 가십시오. 있는 돈 다 쓰고 가면 더 좋습니다"가 실제 그들의 속마음이다.

실제로 북한은 남한 사정을 속속들이 알지는 못한다. 거물급 인사도 아닌 그냥 좀 활동한 사람에 대해서는 알 리가 없다. 특히 방북자들 가운 데는 과거 운동권에서 이름을 날렸던 사람의 비율이 높다. 그래서 어지간 히 자신의 경력을 내세워도 별로 돋보이지 않는다. 게다가 북한 관리들은 내 코가 석자인데 남의 경력이나 들어줄 만큼 한가하지도 않다. 당장 이 사람이 나에게, 우리 조직에 어떤 도움을 줄 수 있는지가 관심사다.

정주영 현대그룹 회장을 보자. 그는 남한에서는 성공한 기업가지만 북에서는 한때 '남조선 인민을 착취하는 재벌'이자 '남조선 해방을 위해 타 도해야 할 적대 세력'이었다. 하지만 정주영 회장이 소 천 마리를 앞세워 방북하겠다고 하자 흔쾌히 휴전선을 열어주었다. 그들에게는 말만 많은 민주투사보다 돈이 되는 정주영 회장이 더 낫다. 과거에 무슨 업적을 이 루었나보다 현재 자신들에게 어떤 이익을 줄 것인가가 중요하다. 북한이 사상과 명분에 목매는 조직 같지만, 실제로는 매우 실리적이고 이해득실 에 민감하다. 경제를 중시하는 김정은 시대는 더하면 더하지 덜하지는 않 을 것 같다.

민주투사가 돈 보따리까지 안고 오면 더 좋다. 그런데 민주투사와 돈 보따리 든 사람 중 선택하라면 당연히 후자를 선택할 것이다. 북한에서 대접을 받고 싶다면, 그들에게 어떤 이익을 줄 수 있을 것인가 먼저 고민해보라. 아무리 가까운 친척이라도 선물 한 보따리 안고 와야 반갑지, 빈손으로 와서 잔소리만 늘어놓으면 누가 좋아하겠는가?

그들은 사적인 관계를 원하지 않는다

방북에는 돈이 든다. 항공료와 숙식비 외에 '사업비'가 든다. '수수료' 혹은 '문턱비'라고도 한다. 액수도 적지 않다. 예상보다 0이 하나씩 더 붙어서 처음 방북하는 사람들은 깜짝깜짝 놀란다.

"오 피디, 북한에 돈 좀 안 주고 프로그램 만들 수 없어? 나는 돈 한 푼 안 들이고 할 수 있어!"

평소 재일 조총련과 관계가 '긴밀하다'고 주장하던 선배가 한 말이다. 그는 방송 프로그램 제작 때마다 돈이 들어가는 걸 매우 못마땅하게 여겼다. 자신의 일본 인맥을 활용하면 프로그램 하나 정도는 거뜬하게 만들 수 있을 거라고 기대했다.

그가 거짓말을 한다고는 생각하지 않는다. 하지만 재일 조총련과 북한은 다르다. '통일의 꽃 임수경' 정도면 몰라도 사업비를 내지 않고 대북 사업을 할 수 있는 사람은 극소수에 불과하다. 그런데도 평양에 도착하면

휘황찬란한 수사로 상대방을 설득하려는 남한 사람들이 많다.

북한 사람과 관계가 '긴밀하다'는 것은 공식적인 접촉을 통해 안면을 텄다는 의미다. 남한 사람과 만나는 공개적인 자리에 나오는 북한 사람은 신분이 보장된 사람들이다. 민화협, 조선아태(조선아시아태평양평화위원회), 해외원호위원회의 참사들은 면 중앙당 소속의 '특수 신분'이다.

그들과 처음 만나는 남한 사람들은 북한 인사들의 해박한 남한 지식에 탄복한다. 그날 아침 남한 신문에 나온 내용까지 훤하게 꿰고 있을 정도다. 아울러 격의 없이 대화하는 모습을 보고 예상보다 열려 있다고 믿는다. 그리고 말이 통하는 사람이라고 생각한다. '기회는 이때다!'라고 생각하고 북한 인사들을 설득하기 시작한다. 남북이 함께 발전하기 위한 나름의 논리를 전개한다.

하지만 절대로 그들을 설득할 수 없다. 그들은 공개적인 자리에서는 반드시 공식적이고 의례적인 발언만 한다. 사적인 발언처럼 보이는 것도 선이 분명한 공적인 발언이다. 남한 사람과 접촉하는 모든 자리가 그들에게는 공식적인 업무 공간이다. 발언 내용은 모두 상부에 보고된다. 그들은 자세를 흐트러뜨리거나 실언을 하지 않는다. 책임질 말만 한다. 공적인 사업도 사적인 관계로 해결하길 좋아하는 남한 사람과 달리, 그들은 항상 공적인 입장에서 이야기한다. 따라서 남한 사람의 말에 그만 넘어가서 공짜 사업을 해주겠다고 공언하지 않는다.

남한 사람들은 사업을 확실히 담보하기 위해 공적인 관계를 사적인 관계로 연결시킨다. 회합의 공간은 회의실에서 노래방이나 술집으로 넘어간다. 고려호텔의 지하 노래방(화면 반주 음악실)이나 3층 찻집에서, 양각도호텔의 1층 찻집이나 47층 회전식당에서, 보통강려관의 지하 주점이나 노래방에서 사적인 관계를 도모한다. 노래방에서 〈아침 이슬〉과 〈휘파람〉을 함께 부르고 술자리에서는 폭탄주가 바쁘게 오간다. 곧 형님, 동생하며 말을 튼다. 고향, 출신 학교, 가족 상황까지 공개한다. 분위기가 무르익으면 사소한 말실수를 해도 서로 못 들은 척하고 넘어간다. 다음번에 서울에 오면 집에 초청하겠다는 지킬 수 없는 약속도 한다. 대개 이 정도하고 나면 우리는 제법 신뢰를 쌓았다고 생각한다. 하지만 이 상황도 북의 입장에서는 공식적인 일이다. 우리는 사적인 신뢰를 쌓았다고 생각하지만 그들은 여전히 공무를 수행하는 중이다. 따라서 사적인 관계를 강조하며 이야기를 할수록 그들의 업무량만 가중시키는 결과를 낳는다. 그들은 사적인 관계를 원하지도 않고 쌓을 수도 없다. 형님, 동생 하지만 정작 우리는 그들에게서 전화번호 하나 받지 못한다. 다음에 평양을 방문한다고 해도 그 사람을 다시 만난다는 보장도 없다.

평양에 다녀왔다고 하면 꼭 받는 질문 세 가지가 있다. 주로 남성들의 질문이다. 첫째, 평양 사람들 사는 게 좀 나아졌나? 둘째, 옥류관 냉면은 정말 맛있나? 셋째, 평양 여성이 소문대로 예쁜가? 앞에서도 밝혔듯 북한의 살림살이가 나아졌다는 데는 이견이 있을 수 없다. 냉면 맛이나 미인에 대한 이야기는 개인의 생각에 따라 답변이 달라진다. 굳이 이 이야기를 하는 이유는 평양 미인과 관련된 개인적 경험을 말하기 위해서다.

남한 사람과 직접적으로 접촉하는 북한 인사는 대부분 남자다. 주요

부서에 여성이 진출하기 어려운 북한의 사회 환경 때문일 것이다. 업무가 끝난 뒤 어김없이 폭탄주를 찾는 남한 남성들과 실내외를 막론하고 담배를 피워대는 북한 남성들 사이에서 여성이 함께 일하기도 쉽지 않다.

일반적으로 남한 사람들이 만나는 북한 여성은 식당이나 호텔 등 서비스업에 종사하는 '의례원'에 한정된다. 따라서 매우 의례적인 대화밖에는 나눌 수가 없다. 간혹 사적인 대화로 전환될 낌새가 보이면 의례원들은 어김없이 말문을 닫아버린다.

1998년 처음 방북했을 때, 북측 여성들에게 줄 선물 때문에 고민을 했다. 남성들에게는 양주와 담배가 무난하지만 여성들에게 줄 선물이 마땅하지 않았다. 눈에 띄지 않으면서도 상대방의 자존심을 상하게 하지 않는 선물이어야 했다.

당시 탈사회주의를 선언한 러시아나 동유럽을 여행할 때는 여성들에게 주로 스타킹을 선물했다. 하지만 북한 여성의 패션에 대한 정보가 전혀 없었고, 스타킹을 선물했을 때 자칫 오해를 살 수 있어서 고민이 되었다. 그때 아내가 립스틱을 추천했다. 부피가 작아서 눈에 띄지 않을뿐더러 여성에게 꼭 필요한 물건이라고 했다. 받는 사람이 자존심 상하지 않게 이왕이면 고급스러운 것으로 사달라고 부탁했다.

그런데 막상 평양에 도착하니 립스틱을 선물할 사람을 만나기 쉽지 않았다. 주요 관광지나 혁명사적지의 해설사들이 여성이었지만 안내원들이 쳐다보고 있는데 슬그머니 선물을 전해주기 어려웠다. 뭐 대단한 것도 아닌데 주는 걸 누가 본다면 괜히 망신이 아닌가 싶었다. 게다가 아내가 사다 준 립스틱은 분홍색이어서 나이 든 해설사에게는 어울리지 않았다. 선물은 받기보다 주기가 더 힘들다는 걸 실감했다.

고난의 행군기가 아직 끝나지 않은 시점이어서 호텔 밖에서는 식사하기가 어려웠다. 식당에 가면 종업원들은 모두 근무 중이지만 재료가 없어서 음식은 팔지 않는 진풍경이 연출됐다. 그래서 옥류관, 단고기식당 등에 간 것 외에는 7박 8일 동안 하루 세 끼를 고려호텔 1층에 있는 평양랭면불고기식당에서 해결했다.

내가 식사를 할 때는 늘 같은 의례원이 왔다. 20대 초반으로 보이는 그 여성은 남한 사람을 처음 보는지 무척 경계하는 눈치였다. 그래도 3~4일이 지나자 표정이 누그러졌다. 그녀에게 립스틱을 선물하기로 마음먹었다. 아침 시간, 북측 안내원이 자리를 비운 사이 나는 식탁 한쪽에 립스틱을 올려놓았다. 그리고 그녀에게 가져가라고 눈짓을 보냈다. 그녀가 주위를 살폈다. 잠시 관심을 보이다가 반찬그릇을 옮기면서 딴청을 했다. 그리고 다가와서 물건을 집어 갔다. 여러 동작이 순식간에 진행됐다.

다음 날 아침 식사 시간, 주위에 여러 사람이 앉아 있었다. 그런데 그녀가 자꾸 어깨를 건드렸다. 그 참에 반찬을 집다가 떨어뜨린 나는 왜 이러나 하고 그녀를 보았다. '아' 하고 속으로 탄성을 질렀다. 그 립스틱을 발랐던 것이다. 당시 남한에서도 분홍색 립스틱은 좀 튀는 색깔이었다. 그런데 대담하게도 분홍색 립스틱을 바로 바른 것이다. 당시 북한에서 일반 여성들은 무대 화장을 하지 않는 한 자연스럽게 화장을 했다. 립스틱도 바른 듯 아닌 듯 했다. 아마 북한 역사상 분홍색 립스틱을 바른 여성은 고려호텔의 의례원인 그녀가 처음이 아닐까.

이야기가 옆으로 샌 것 같지만 남한 사람이 북한 사람과 사적인 관계를 만들 수 없다는 걸 강조하기 위해 엉뚱한 경험을 소개했다. "누구누구 참사는 나하고 각별해!" 하는 것은 "누구누구 참사한테 나는 호구야!" 하는 말과 다르지 않다. 사적인 관계를 조성하기 위해 투자할 시간에, 좀 더 원칙적이고 당당한 모습을 보여주는 것이 본인에게도, 남북 관계에도 도움이 된다.

2018년 11월 고려호텔에 다시 묵었다. 그때 분홍 립스틱의 의례원을 다시 만났다. 우리는 서로를 바라보며 들릴 듯 말 듯한 탄성을 질렀다. 물론 사적인 대화는 한마디도 나누지 못했다. 20년 만의 만남은 그렇게 끝났다.

그들은 창조적 사업을 원하지 않는다

2000년 1월 1일은 뉴밀레니엄이 시작되는 날이었다. 전 세계에서 다양한 이벤트가 준비되고 있었다. 한반도에도 평화의 기운이 돌면서 여러 방면에서 교류가 시작되었다. 이미 1998년 정주영 현대그룹 회장이 소떼를 몰고 북한을 두 번이나 방문했고, 그해 가

추억의 고려호텔. 평양의 전력 사정이 좋아지면서 고려호텔 로비도 한층 밝아졌다.

을부터 금강산 관광이 시작되었다. 남한 언론도 취재를 위해 1998년부터 북한을 방문했고, 1999년 말에는 방송사에서 주최한 방북 공연이 두 차례나 개최되었다.

1998년, 1999년 두 차례 방북했던 나도 2000년 뉴밀레니엄에 걸맞은 새로운 이벤트를 준비했다. 〈뉴밀레니엄 기념, 평화의 종 교차 타종식〉이라는 이름의 프로그램이었다. 남북 평화의 원년이기도 한 2000년 1월 1일 0시에 서울 보신각종과 대동강변의 평양종을 교차로 타종하며 한반도의 평화를 기원하자는 내용이었다. 타종식을 남북에 생중계하고 타종식이 끝나면 남북의 수뇌가 방송을 통해 '뉴밀레니엄 축하 평화의 메시지'를 7천 5백만 동포들에게 공포하자는 내용도 포함되었다. 축하 사절단과 공연단이 서울과 평양에 상호 방문하여 타종식에 참여하고 축하 공연을 하는 방안도 제시했다.

평양 대동강변의 대동문 옆에는 서울 보신각종보다 조금 작은 평양종이 걸려 있다. 조선 후기 때 작품으로 북한에서 국보문화유물 23호로 지정한 유서 깊은 종이다. 물론 북한에는 제야에 종을 치는 행사는 없다. 평양종도 평소에는 타종하지 않고 당목(종 치는 나무)을 꼭꼭 묶어둔다. 그런데 대동강변의 주체사상탑에서는 매일 자정을 알리는 종소리를 녹음해서 내보낸다. 그것이 평양종 소리인지는 알 수 없다. 하여튼 타종 행사 자체가 그다지 번거롭지 않아서 쉽게 진행할 수 있는 사업이었다. 서울과 평양 하늘에 평화의 종소리가 울려 퍼지고, 온 민족 앞에 남북 정상이 평화의 메시지를 전파하는 장면을 상상만 해도 가슴이 뛰었다.

기획안을 한참 동안 들여다본 조선아태 조 참사가 한숨을 내쉬었다.

"오 선생, 그런데 밤중에 종은 왜 칩니까?"

"네?"

비로소 정신이 들었다. 남북한의 정서적 차이를 뼈저리게 느꼈다. 사실 종을 친다고 달라지는 것은 없다. 종소리가 평화를 가져다주지도 않는다. 늦은 밤까지 잠만 설치고 영하 10도가 넘는 추위에 감기 몸살만 걸릴 뿐이다. 새로운 사업을 멋지게 해보자며 기획안을 전달하기 전에 입이 닳도록 충분히 설명을 했지만 〈뉴밀레니엄 기념, 평화의 종 교차 타종식〉의 꿈은 거기서 멈추었다.

북한과는 '없는 걸 만들어서' 일하기란 힘들다. 방송을 예로 들자면 세팅된 장소에서 촬영하는 것은 상대적으로 수월하다. 주체사상탑, 모란봉 공원, 만경대 김일성 주석 생가 등 잘 준비되어 있는 장소에서 촬영하고 허용된 발언만 하는 해설사 인터뷰 같은 것은 어렵지 않다. 하지만 즉석에서 새로운 상황을 만들기는 무척 어렵다. 정해진 장소를 벗어나서는 안 되고, 지정되지 않은 사람과 인터뷰할 수 없다. 지정된 사람이라도 미리 약속된 질문만 한다. 물론 인터뷰에 응하는 사람은 대부분 훈련이 잘되어서 어떤 질문을 해도 잘 받아 넘기지만 말이다. 한마디로 정리하면 사전에 약속되지 않으면 어떤 취재도 할 수 없다. 나는 특별해서 어디든 갈 수 있고, 누구라도 만날 수 있다는 이야기는 아직 허구다.

지난 9월 문재인 대통령 방북 당시 동행했던 정동영 민주평화당 대표가 자유롭게 평양 시내를 돌아다녔다고 말해 화제가 되었다. 고려호텔에서 출발해 평양역 광장과 대동강변을 산책하고 영업용 택시도 타보았다고 한다. 정동영 대표의 증언을 접한 사람들은 드디어 북한이 남한 사람의 자유로운 활동을 허용하기 시작했다는 신호로 받아들였다.

한 달 뒤인 10월 말에 방북했던 스포츠 시범단의 단원 두 사람이 택시를 타고 평양 시내 구경을 나갔다. 물론 북측 안내원에게 알리지 않았다. 나중에 알게 된 북한 주최측이 발칵 뒤집혔다. 그러나 본인들이 제 발로 오지 않는 한 찾을 방법이 없다. 결국 그들이 나타날 때까지 모든 공식 일정이 중단되었다고 한다. 정동영 대표의 외출이 당시에만 허용된 특별 외출인지 북측 안내원의 방심 덕분에 일어난 일회성 해프닝인지 알 수는 없다. 이야기가 옆으로 샜지만 어쨌든 남측 방문객들의 자유로운 외출은 엄격히 금지되고 있다.

왜 북한 사람들과 창조적인 일을 하기 힘들까? 북한의 엄격한 통치 시스템을 이해한다면 답을 찾을 수 있다. 한국전쟁 이후 북한은 늘 전쟁의 위기 속에 살아왔다. 국경을 사이에 두고 세계 최강의 전력을 갖춘 한미 연합군, 소련(러시아), 중국과 마주해왔다. 체제 수호를 위해 평상시에도 군대처럼 조직을 관리한다. 다양한 의견 속에서 합의를 도출하기보다 신속한 의사 결정과 복종이 효율적이다. 일상화된 상명하복식 논의 구조 속에서 창조적이고 자율적인 문화가 받아들여지기는 어렵다. 명령의 범위를 벗어난 새로운 시도는 국가의 질서를 어지럽히고 조직의 안위를 위협한다.

북한 사람들의 의식을 이해하기 위한 통치 논리가 이른바 '사회정치적 생명체론'[25]이다. 사람은 두 가지 생명을 갖고 있는데 하나는 육체적 생명이고 하나는 사회정치적 생명이다. 사회정치적 생명이 없으면 육체는 살아 있어도 사회적으로는 죽은 사람과 같다. 혁명의 수뇌부, 즉 수뇌(머리)는 수령이고 신경조직은 당이며 몸은 인민이다.[26] 따라서 몸인 인민이 머리인 수령의 뜻을 잘 따르는 것이 사회정치적인 생명을 유지하는 길이라고 한다.

또 북한의 문예이론(문화예술이론) 중에 '창작 방식의 전형화'란 이론이 있다. 북한에서는 문화예술 작품을 창작할 때, 각 작품의 개성을 강조하기보다 미리 정해진 창작 방식을 따라야 된다고 한다. 혁명가극은 〈피바다〉, 연극은 〈성황당〉이 그 예다.[27] 북한 주민들은 각자의 개성에 따라 창의적이고 새로운 시도를 하기보다 당의 지시를 충실히 수행하고 정해진 규칙을 벗어나지 않는 것을 미덕으로 여긴다. 자신의 판단보다 윗선의 지시, 창조보다 정해진 규칙이 우선이다. 이런 분위기 속에서 자신의 책임 하에 새로운 일을 도모하기란 불가능하다. 일선 실무자를 붙잡고 기발하고 창의적인 사업을 해보자고 아무리 설득해도 소용이 없다. 새로운 사업은 곧 본인이 책임을 져야 하는 위험한 사업이기 때문이다.

북한의 미남, 미녀의 기준은?

"북한 응원단이 김일성 가면을 쓰고 응원한다. 여기를 평양올림픽이라고 생각하는 거다. 평양 올림픽의 말로를 본다."
평창올림픽 때 난데없이 '김일성 가면' 논란이 있었다. 야당 국회의원이 했던 발언이다. 여자 아이스하키 단일팀이 스위스와 경기를 할 때 북한 응원단이 김일성 가면을 썼다는 것이다. 또 다른 야당 국회의원도 목소리를 높였다.
"대한민국 무너지는 소리가 평창 응원 소리보다 높구나!"
"저의가 의심스럽다"거나 "평창올림픽의 옥의 티"라는 지적도 있었다. 통일부는 북한 선수단에 문의를 한 뒤, 김일성 가면이 아니라고 밝혔다. 북한 스스로가 김일성 가면을 응원 도구로 사용할 수 없다고 말했다는 것이다.

예민한 사안이기에 결론부터 말하겠다. 결코 김일성 가면이 아니다. '김일성 가면'이라면 가면의 눈에 구멍을 뚫고, 가면을 바닥에 방치하는 행동을 할 수 없다. 얼굴이 새겨진 배지를 가리킬 때도 두 손을 모아서 공손하게 행동해야 하는데, 감히 최고 존엄의 얼굴에 구멍을 뚫고 응원 도구로 사용하는 것은 북한의 정서상 있을 수 없다.

그런데 말이다. 김일성 주석을 닮은 얼굴은 맞다. 김일성 주석이 젊었을 때 사진을 보라. 가면과 닮았다. 가면뿐 아니다. 과거 김일성 주석 시대에 북한에서 만든 포스터나 조형물을 보면 김일성 주석을 닮은 형상이 매우 많다. 김정일

위원장이 집권할 때 김일성광장에서 군사 퍼레이드를 본 적이 있다. 선전물을 부착한 차량들이 지나가는데, 그 안에 김정일 위원장을 닮은 얼굴들이 많았다.

북한 여성 배우들의 얼굴을 보자. 영화 <도라지꽃>, <민족과 운명>에 출연한 가장 인기 있는 배우 오미란은 동글동글한 얼굴, 오동통한 볼에 코가 짧고 오똑하다. 영화 <꽃 파는 처녀>의 주연 홍영희도 통통한 얼굴에 콧날이 짧고 오똑하다. 누가 연상되는가? 바로 김일성 주석의 부인이자 김정일 위원장의 어머니인 김정숙이다.

김정일의 생모
김정숙.

영화 <도라지꽃>의
주연 배우 오미란.

연세 드신 분들은 '강계미인'이라는 말을 자주 한다. 피부가 희고 갸름한 얼굴이다. 인기 탤런트였던 한혜숙과 엄유신의 어머니가 강계 출신이라고 한다. 그런데 북한에 가서 물어보면 강계미인이라는 말을 전혀 모른다. 오히려 '회령미인'이라는 말을 한다. 김정숙이 회령 출신이기 때문이다. 민화협의 리 참사는 회령에 가니 미인들이 정말 많더라고 증언을 해주었다.

미인의 기준은 시대에 따라 변한다. 중국 산시성 시안(西安)에 가면 당나라 절세미인 양귀비 동상이 있다. 그런데 허리가 없는 복부비만형 체형이고 살이 많아서 눈은 거의 감겨 있다. 당나라 미인의 조건은 삼백(三白), 삼흑(三黑), 삼홍(三紅) 즉, 흰 피부, 검은 머리카락, 붉은 입술 등이다. 풍만한 몸매는 당연한 조건이었다. 르네상스 시대 이탈리아 미인의 조건은 큰 키, 넓은 어깨와 가는 허리, 금발이었다.

1970년대까지만 해도 우리나라에서 '부잣집 맏며느리감이다'라는 말은 칭찬이었다. 통통하고 복스러운 인상을 지칭했다. 가수 조미미가 예능 프로그램에 나올 때마다 사회자들이 말했던 수사였다. 지금 그렇게 말을 했다가는 항의를 받을 사안이다. 신영균, 최무룡, 남궁원, 신성일, 한때 은막을 휘어잡던 미남 배우들이다. 선이 굵고 남성미가 넘쳤다. 송중기, 김수현, 박보검, 현빈, 대표적 한류 스타들이다. 따뜻하고 부드러운 이미지의 미남들이다.

북한의 선전화. 김일성 주석의 얼굴을 닮은 농부 그림이다.

미남미인의 조건은 시대 상황에 따라 달라진다. 전쟁 시대에는 영웅형 미남을 원했고 평화 시대에는 부드러운 미남을 선호한다. 농경시대에는 다산을 상징하는 풍만한 여성을 좋아했지만 현대에는 큰 키에 얼굴이 작은 여성이 인기다.

개인의 영향력이 클 경우 미남미녀의 기준을 그에서 찾아내기도 한다. 내가 어릴 때만 하더라도 박정희 대통령을 귀인상이라고 했다. 어떤 근거인지 모르지만 눈이 아래로 처지고 양쪽 눈꼬리보다 귀가 아래에 있는 것을 귀인상이라고 했다. 이렇게 동시대 민중들의 기대와 열망 혹은 숭배가 미남미녀상으로 나타난다.

김일성 가면의 의미를 이해하겠는가? 평창에 온 북한 응원단이 의도적으로 김일성 주석의 얼굴을 상징하는 가면을 사용하지는 않았다. 그들의 정서에 따르면 절대 사용해서는 안 된다. 그런데 이미 북한에는 김일성 주석의 얼굴이 '남성의 전형'으로 굳어져 있다. 가면을 그리다 보니 자연스럽게 김일성 주석의 얼굴을 닮았다고 생각된다. 그런 가면에 굳이 정치적 의미를 부여할 필요는 없다고 본다. 응원용 가면은 그냥 응원용 가면일 뿐이다.

남한 사람의
흔한 착각
세 가지

우여곡절을 거쳐 평양에 도착했다. 초청장을 받으려면 비용도 만만치 않게 들어가지만, 초청장을 받는 절차를 몰라서 헤매는 경우가 다반사다. 일단 비행기가 순안비행장에 착륙하면 누구나 울컥해진다. 그동안의 과정이 떠올라서 울컥하고, 금단의 땅을 밟았다는 생각에 또 울컥해진다. 평양공항 외벽에 그려진 김일성 주석과 김정일 위원장의 초상화를 발견하고 잠시 긴장하지만 새롭게 단장한 공항으로 들어가면 여느 외국과 다름없는 현대화된 시설에 마음을 놓는다. 그리고 평양 체류를 시작하면서 근거 없는 자신감마저 갖게 된다. 평양에서 남한 방문객이 자주 가지는 착각을 살펴보자.

나는 북의 최고위층을
잘 안다

　　방북자들은 누구나 자신이 북에 연줄이 있다고 믿는다. 세월이 좋아졌다고 하지만 아무나 방북하지 못하는 상황에서, 평양 땅을 밟는 행운을 얻었으니 든든한 뒷배가 있다고 믿을 만도 하다. 자신이 특별한 사람의 초청을 받았다고 믿는 데는 나름 이유가 있다. 자신을 북한 인사와 연결시켜준 사람의 허풍을 곧이곧대로 믿기 때문이다.

　　국가보안법 같은 법적 규제가 있는 상황에서 개인이 북측 관계자와 접촉하기는 힘들다. 그래서 일종의 안전판인 브로커를 통하게 된다. 조선족 동포일 수도 있고, 재일 동포일 수도 있다. 그들은 자신의 힘을 과시하기 위해 자신이 북한의 주요 인사와 연결되어 있다고 말한다. 김정은 위원장의 최측근, 군부 실세, 노동당 핵심 간부 등 다양한 권력자가 등장한다. 심지어 구체적으로 알려고 하지 말라는 '위협적'인 말까지 한다. 높은 사람을 거론할수록 사기일 가능성은 높아진다. 방북 희망자는 브로커의 언사를 못 미더워하다가도 큰 별을 새긴 도장이 찍힌 초청장을 받으면 절대 신뢰를 보내게 된다.

　　"이번에 정말 어려웠지만, 제 뒤를 봐주는 분이 특별히 힘을 썼습니다."

　　브로커는 자신과 연결된 북의 실세 덕분에 초청장을 받을 수 있었다고 강조한다. 베일에 가려진 배경은 브로커의 힘을 신뢰하게 만드는 보증서가 된다.

2018년 4·27남북정상회담 직후, 북한의 실세들과 줄을 대고 있다는 브로커들이 많이 나타났다. 한번은 방송에서 일하는 아는 분으로부터 다급하게 만나자는 전화가 왔다. 매우 중요한 결정을 해야 하는데 조언을 구한다는 이야기였다. 내용인즉, 김정은 위원장의 경호부대인 호위총국의 간부로부터 대북 경협의 전권을 주겠다는 제안을 받았다는 것이다. 비자금 조성이 목적이라고 했다. 최근 호위총국이 젊은 군인들로 재구성이 되면서 경비가 필요하다는 그럴듯한 비사까지 곁들였다.

이런 제안을 받으면 당연히 의심부터 할 것 같지만 사람들은 예상외로 쉽게 넘어간다. 대부분 중국이나 동남아에 있는 북한 식당에서 만나 북한에서 작성한 계약서를 보여준다. 실제로 김일성 배지(북한식 용어로는 수령님 휘장)를 단 북한 사람이 등장하기도 한다. 그룹 대표도 아닌 일개 남한 국민에게 그런 엄청난 특권을 줄 리가 만무하지만, 한번 최면에 걸리면 헤어나기가 어렵다. 일확천금 혹은 한 건에 대한 환상 때문이다. 대북 경협의 전권을 제안받았다는 그분에게 충분히 설명했지만 여전히 미련을 버리지 못하는 눈치였다.

경제협력 분야가 아니라도 방북하는 개인이나 단체들은 이구동성으로 자신들은 매우 든든한 조직과 연결돼 있다는 이야기를 한다. 제법 오래 대북 교류 분야에 종사하고 북한 사정을 알 만한 분도 같은 이야기를 한다. 나는 다르다는 것이다.

남한 사람에게 방북 초청장을 발부하는 곳은 통일전선부의 대남 교류 부서다. 민간 교류를 총괄하는 부서가 있고 그 아래에 언론, 인도 지원,

종교, 체육, 예술, 해외동포 등을 담당하는 부서가 있다. 언론은 다시 신문과 방송 분야로 나누어진다. 북한은 영화의 한 장면처럼 모든 의사 결정을 비밀스럽게 진행하는 곳이 아니다. 나름의 절차와 원칙에 따라 처리한다. 대남 사업은 특별히 공식적인 기관을 통해서 엄격히 집행한다.

내가 남한에서 특별한 지위에 있다면 북한에서도 특별한 지위에 있는 사람이 파트너가 된다. 지위가 별로 높지 않으면, 북한에서 별로 신경 쓰지 않는다. 자신의 위상에 따라 북한 파트너의 위상이 결정된다. 남한에서 왔다는 이유만으로 북한 고위층이 관심을 가지지는 않는다. 요행을 바라지 말아야 한다. 북한의 고위층은 바쁘다. 남한 방북자에게 일일이 신경 쓸 여유가 없다. 그러니 특별한 사람이 봐줄 거라는 기대를 버려야 한다. 대북 사업을 제대로 하려면 이런 근거 없는 환상에서 벗어나야 한다. 남이든 북이든 현실에 눈을 떠야 비로소 제대로 된 성과를 얻을 수 있다.

그들은 나를 잘 알고 있더라

"북한 사람들 정보력이 대단합니다. 나에 대해서 상세히 알고 있더라고요!"

2018년 여름 중국에서 처음 북한 인사를 만나고 온 민간단체 활동가가 흥분한 목소리로 말했다. 그런데 그가 흥분한 이유는 북한의 '정보력'

때문이 아니다. '나에 대해서 알고 있다'는 사실 때문이다. 그들이 나를 얼마나 중요한 인물로 생각하면 그렇게 많은 정보를 갖고 있느냐는 것이다. 평소 자존감도 낮고 스스로에 대한 평가도 인색했는데, 북한에서 자신의 존재감을 확인하고 가슴이 뿌듯해진다. 휴전선 너머에서 자신의 가치를 재발견했다고나 할까?

　북한의 대남 기관에서 방북하려는 남한 사람의 정보를 수집하는 것은 기본이다. 인터넷으로 확인할 수도 있고 잠시 자리를 비웠을 때 동료로부터 들을 수도 있다. 그런데 우리가 그들의 정보력이 대단하다고 믿는 진짜 이유는 북한의 대남 사업가들이 나름 노련해서 아는 척하는 연기를 잘하기 때문이다. 어느 정도 직급이 되면 그들은 무게 잡는 데 익숙하다. 거드름도 잘 피운다. 그래서 좀 아는 것을 많이 아는 것처럼 연기한다. 북한 사람을 처음 만나면 우리는 긴장해서 조그만 호의나 관심에도 쉽게 감동한다.

　　북 : 김 선생, ○○대학 다닐 때 유명한 운동권이라고 들었소.

　　남 : 야! ○○대학을 아시는군요. 저희 대학 선배 가운데 국회의원 ○
　　　　○○ 있잖아요, 학교 다닐 때는 그분과 형, 아우 하는 사이였습
　　　　니다.

　　북 : 박 선생, 돼지띠라고? 나하고 띠동갑이군. 어째 이번 사업은 잘될
　　　　것 같소.

　　남 : 아! 최 참사님, 나이에 비해 무척 젊어 보이십니다. 잘 부탁드립니다.

사실 그들의 정보력은 대단하지 않다. 실제로는 인터넷 검색이 자유롭지 않고 무엇보다 타부서와 횡적인 연대가 잘되지 않아서 정보교환이 원활하지 않다.

2013년, 8년 만에 평양을 방문했다. 남한의 민간단체가 지원한 의약품이 제대로 사용되고 있는지 확인하고, 평양에 있는 의료 시설을 둘러보았다. 그리고 모란봉, 개선문, 만경대 김일성 주석 생가 등을 방문했다. 이전 방문과 다른 점이라면 이전에는 방송 교류 업무 담당자들이 우리를 안내했지만 2013년에는 인도 지원 업무 담당자들이 안내했다.

취재 목적이든 단순히 회의를 위한 목적이든, 나는 늘 방송용 카메라를 지참했다. 방북 목적이 방송 제작이나 취재라면 상대적으로 촬영이 수월하지만 민간단체와 동행하면서 취재하는 경우는 늘 힘들다. 그래도 나는 남한 피디로서는 최초 방북에다 〈조용필 평양 공연〉 같은 굵직굵직한 프로그램을 제작했으므로 비록 취재 목적이 아니더라도 민감한 사안이 아니면 촬영을 허용해준다. 이전 스무 번 이상의 방북이 늘 그랬다.

그런데 2013년 방북에서는 일일이 제동이 걸렸다. 어린이병원을 방문했을 때였다. 입구에 있던 의사에게 의례적인 질문을 던지자 그가 별 거리낌 없이 대답했다. 그런데 그 장면을 목격한 민화협 참사가 나이 지긋한 의사에게 불같이 화를 냈다. 허락을 받지 않고 인터뷰에 응했다는 이유였다. 나를 포함한 남한 방문객들이 민망할 정도였다. 스무 번 넘게 방북 취재를 했지만, 단 한 번의 문제도 일으키지 않은 사람에게 좀 무례한 행동이었다. 나는 대답해준 의사에게는 잘못이 없다면서 현장을 무마했다.

3박 4일 일정 중 3일째 저녁이었다. 양각도호텔 47층 회전식당에서 송별 만찬이 열렸다. 분위기가 무르익자 옆에 앉은 민화협 참사에게 평양 체류 기간 동안 촬영 때문에 불편하게 해서 미안하다고 말하고 술을 권했다. 그리고 그동안의 방북 경험을 이야기하면서, 북측 실무자에게 부담이 되는 방송은 나가지 않을 테니 걱정하지 말라고 했다. 하지만 그는 내가 이전에 방북했던 내용을 전혀 모르고 있었다. 심지어 1998년에 처음 방북했다고 하자, 그 시절에 어떻게 방북을 할 수 있었느냐며 의아해하는 눈치였다. 1990년대 말에는 방북자가 많지 않아서 나도 제법 귀빈 대접을 받았다. 공항 통관 때는 VIP 통로를 이용했고, 운전기사가 있는 벤츠를 제공 받을 때도 있었다. 물론 내가 남한에서 힘 있는 유명 인사가 아니기 때문일 수도 있지만 스무 번 넘게 방북을 했고, 당시 엄중한 박근혜 정부 시기의 몇 안 되는 방북자 중 한 사람이었는데, 내 신상을 전혀 파악하지 않았다는 게 이해가 되지 않았다.

왜 그럴까? 다시 상세히 말하겠지만 북한의 경직된 행정 시스템 때문이라고 생각된다. 절대 권력을 가진 윗선에 보고하거나 위에서 하달된 명령은 민첩하게 수행한다. 하지만 조직 간의 횡적인 연대는 상대적으로 소홀하다. 상하 간의 지나친 충성 경쟁은 조직 내의 경쟁을 유발시켜 부서 간의 원활한 업무 협조를 방해한다. 정보 공유도 어렵다.

하여튼 북에서 자신을 중요한 인물로 평가하고 있고 중요한 사업을 할 수 있을 거라는 망상은 버려야 한다. 만에 하나라도 북에서 중요한 일을 부탁할 거라는 기대를 해서도 안 된다. 정부 차원의 교류가 활성화되

위   북한에서 성대한 대접을 받으면 누구나 우쭐해진다. 하지만 내 지
      위가 별로 높지 않으면 북한에서도 비중을 두지 않는다.

아래   개성의 명물인 인삼닭곰(삼계탕)과 9첩 반상.

면 민간이 할 수 있는 일은 상대적으로 줄어들 것이다. 남이나 북이나 분수에 맞는 일을 하면서 평화를 만들어야 한다.

나는 그와 정말 친하다

"조 참사와 나는 정말 친해."

방북 중에 특별한 환대를 받았다고 생각한 한 문화단체 인사는 서울로 돌아오는 비행기 안에서 매우 흡족해했다. 아울러 조 참사로부터 들쭉술 한 병을 선물로 받았다고 자랑했다. 그는 조 참사의 가족 사항을 나열하면서 짧은 기간에 두 사람이 깊은 신뢰를 쌓았다며 만족해했다. 그들의 우정을 시기하거나 부정할 생각은 없다.

한 번쯤 방북하거나 제3국에서 북한 인사를 만나고 온 사람들은 그들과의 친밀도를 과시한다. 명함을 주고(받지는 못한다), 식사하고, 폭탄주 돌리고 나면 우리식으로 완전히 안면을 튼 것이다. 5천만 인구 중 북한 관리와 이렇게 화기애애한 시간을 가진 사람이 얼마나 될까? 그러니 확실히 친구가 되었다고 생각한다.

전쟁을 하고 70년 동안 원수처럼 지내온 남과 북의 동포가 만나서 서로 좋은 관계를 만들어가는 것은 환영할 만한 일이다. 그러나 그 사실에 지나치게 의미를 부여해서는 안 된다. 나에게 그들은 처음 만나는 북한 사람이지만, 그들에게 나는 줄을 대려는 수십, 수백 명의 남한 사람 중 한 명에 불과하다.

4·27정상회담이 지난 뒤 방북하겠다고 신청한 단체가 100개가 넘었다고 한다. 2018년 여름 베이징의 북한대사관 주변에는 그들을 만나겠다는 남한 사람들로 넘쳐났다. 우리를 만난 북한 인사는 시간을 쪼개서 대남 사업을 하고 있었다. 심지어는 우리 단체 이름을 계속 다른 단체 이름으로 잘못 불렀다. 하루에도 여러 단체를 만나다 보니 헷갈릴 만도 했을 것이다. 그들이 슈퍼컴퓨터가 아닌 이상 한 번 만난 나를 기억할 수 없다. 몇 번 만나도 마찬가지다. 그러므로 그들이 나를 기억하지 못한다고 서운할 필요도 없다.

우리는 명함에 이름, 소속, 직함, 주소, 전화번호, 메일, 심지어는 친절하게 사진까지 넣는다. 어떤 사람은 은밀히 쓰는 핸드폰 번호까지 적어서 주기도 한다. 그런데 북한 사람들은 명함을 주는 일이 거의 없다. 가명을 쓰는 사람도 많다. 개인적으로 결코 친해질 수 없는 관계다.

북한 사회를 들여다보면, 마치 전시 체제를 유지하는 것처럼 느껴질 때가 있다. 일상생활 속에서도 엄격한 비밀 유지를 위해 노력한다. 우리가 만나는 북한 인사가 정확히 어떤 조직에 소속되어 있는지, 그 조직의 규모는 어느 정도이고 어떤 일을 하는 곳인지 말하지 않는다. 그의 정확한 직책이나 직급도 잘 모른다. 알려주지 않기 때문이다. 평양 인구, 군 복무 기간, 김일성 대학 학생 수, 대학 강의안, 교과서, 쌀값 등 모든 것이 기밀 사항이다. 북한에서는 문화예술 작품을 발표할 때 기획 단계에서 발표 단계까지 여러 차례 검열을 거친다. 사회주의적 사실주의 원칙을 지키고 있는가, 국가 기밀을 노출시키지 않았는가 하는 우려 때문이다.

남한 사람과 개인적으로 친해지면 기밀을 유출할 위험이 있기 때문에 북한 당국이 달가워할 리가 없다. 그래서 북한의 영역 안이든 밖이든 남한 사람과 만나는 곳이면, 반드시 2인 1조로 움직인다.

한 번 만난 인연을 소중히 여기는 마음은 아름답다. 그러나 그 인연이 꼭 발전적인 관계를 가져올 거라는 기대는 하지 않는 것이 좋다. 앞에서 말한 문화계 인사는 다음 방북 때 들쭉술의 답례로 제법 고가의 전자제품을 선물했다. 그러나 이후 그 사람을 만나지 못했다. 그에게 방북 기회가 오지 않았고, 상대 참사도 어떤 사정이 있었는지 다시 나타나지 않았다.

평양에서 정말 아무 일 없었습니까?

몇 번 망설이다가 이야기를 한다. 이 책의 주제와는 상관이 없고 자칫 구설수에 오를 수 있기 때문이다. 그렇지만 많은 이들이 관심을 가지는 사안이기도 하다.

"오 피디, 혹시 평양 가서 아무 일 없었습니까?"

"무슨 일?"

"평양에 미인도 많은데, 그렇게 자주 갔으니 스캔들 생길 수 있지 않습니까?"

"……"

다른 이야기를 들은 적도 있다.

"북한에서 미인계를 쓴다는데, 오 피디 혹시 약점 잡히지 않았습니까?"

"……"

결론부터 말하면 불가능하다. 여성은 고사하고 남성과도 단독으로 만날 수 있는 기회가 없다. 북한 사람이 남한 사람을 만날 때는 반드시 2인 1조로 움직인다. 조선아태나 민화협은 물론이고, 심지어 호텔 청소부도 남한 사람이 묵는 방은 2인 1조로 들어온다.

여성을 만날 기회는 매우 제한적이다. 평양에서 여러 차례 사업을 진행하면서, 여성이 포함된 조직과 만난 것은 단 한 번이었다. 그나마 그녀가 포함된 조직이 다음 사업에서는 다른 조직으로 교체가 되어서 다시 만날 수도 없었다. 그래서 평양 방문 중에 무슨 일이 있었다는 건, 말하는 사람의 기대와 희망이 가미된 픽션이다. 평양에서 낭만의 시간을 갖기란 불가능하다는 걸 분명히 밝힌다. 또한 호텔 방마다 폐쇄회로 카메라와 도청 장치가 설치되어 있는지 어떻게 알겠는가? 그럴 리 없겠지만.

★

평양에서
하지 말아야 할 것
일곱 가지

━━━━━━━━━━

　　　　　평양의 첫날은 포근하다. 군인들의 군화 소리와 미사일 부대의 굉음이 가득할 것이라는 선입견은 상냥한 호텔 의례원들의 목소리에 곧 사라진다. 핸드폰 속박으로부터의 자유, MSG 맛으로부터의 해방, 소음 공해로부터의 단절은 이전에 느끼지 못했던 마음의 평화를 느끼게 한다. 대동강변의 밤하늘을 붉게 밝히고 있는 높이 170미터의 주체사상탑만 없으면 여기가 평양이라는 사실까지 잊어버릴 것이다. 긴장을 놓은 채 하루를 보내면 자신감이 충만해진다. 그러나 명심하자! 여기는 혁명의 심장부, 평양이다.

설득하려고 하지 말 것 :
그들은 명령을 수행하는
사람들이다

　　동행했던 동료 피디 한 명이 사라졌다. 개인적으로 움직이지 말라고 단단히 일렀는데, 저녁 식사 후 어디론가 사라져 버렸다. 짚이는 게 있었다. 고려호텔 1층 차점(찻집)에서 조선아태 참사와 함께 있는 그를 발견했다. 호텔 밖을 한 발자국도 벗어나지 못하는 상황에서 멀리 갈 수도 없었다. 그는 조선아태 참사에게 무언가를 열정적으로 설명하고 있었다. 이야기에 너무 몰입해서 내가 가까이 온 것도 알아채지 못했다.

　　"남북의 대학생들이 만나야 합니다. 젊은이들이 스스로 미래를 결정해야 합니다."

　　방송사 후원 학술회 참석을 위해 방북한 그는 서울에서 따로 준비한 계획이 있었다. 남북 대학생 교류 사업이었다. 미래 통일의 역군인 대학생 교류를 위해 대학 간 자매결연을 맺어주고 싶어 했다. 성사만 되면 비용을 대겠다는 기관도 확보했다.

　　역사적 상처나 편견에서 자유로운 남북의 젊은이들이 만나 한반도의 평화와 민족의 장래를 함께 고민하는 것은 바람직한 일이다. 개성이나 금강산에서 만나 토론 행사를 열고, 상호 방문하고, 더 나아가 분야별 전문 조직을 만들어 상시적인 교류를 한다면 얼마나 좋겠는가?

하지만 녹록지 않은 사업이다. 북에서는 민간인이 직접 접촉하는 것을 좋아하지 않는다. 이산가족 찾기를 달가워하지 않는 것과 마찬가지다. 일반인들의 접촉을 허용하면 나쁜 사상에 물들 수 있다고 염려한다. 그래서 엄격히 선발된 사람에게만 접촉을 허용한다. 간혹 스포츠 행사나 문화예술 행사에서 남북이 만나기도 하지만 상시적인 접촉은 불가능하다. 그나마 외부와 접촉이 가능한 사람은 특정 부서 사람들이며 반드시 두 사람 이상이 함께 움직이게 되어 있다.

남북의 대학생이 함께 모여 밤새도록 토론하고 함께 외국을 여행하는 모습은 상상만 해도 가슴이 뛴다. 하지만 아직은 먼 미래의 이야기다. 그런데 그 동료 피디는 자신이 있었다. 북한 측 파트너를 설득하겠다는 것이었다. 평소에도 열정이 뜨거운 그는 아주 단단히 논리를 준비해왔다. 나는 적극적으로 말리지 못했다. 본인이 직접 부딪쳐봐야 안 되는 이유를 이해할 수 있기 때문이다.

"민족의 장래인 청년들에게 기회를 줍시다. 저를 믿고 사업 한번 진행해보시죠!"

그는 대학생 교류의 필요성, 향후 교류 방안에 대해 열심히 설명했다. 조선아태 참사도 인내심 있게 듣고 있었다. 그런데 거기까지다. 우리의 방북 목적은 학술회의 참석이지, 대학생 교류 협의는 아니었다. 조선아태 참사의 역할은 남한의 행사 참석자 안내지 신규 사업 논의는 아니었다. 대학생 교류 사업을 논의하려면 평양 방문 전에 미리 북측의 동의를 받아야 한다. 학술회의에 참석해서 대학생 교류를 논의하는 것은 방문 목적을 벗어난 일이다. 꼭 성사시키고 싶다면 제안서를 제출하고 다음 방북 기회에 협의를 해야 한다.

조선아태 참사는 묵묵히 듣고 있다가 다음번에 답을 주겠다며 일어섰다. 동료 피디는 만족해했다. 상대방이 제법 수긍하는 분위기였기 때문이다. 하지만 4박 5일의 체류 기간 동안 답변을 듣지 못했다. 그날 동료 피디는 '설명'을 한 것이 아니라 아무런 권한이 없는 사람을 '고문'한 것이다. 거기다가 대화 내용을 보고해야 할 부담만 더 주었다.

북한의 관료 조직은 권한의 범위가 명확하다. 책임의 범위가 명확하다는 뜻도 된다. 주어진 역할 이상을 하지도 않고, 해서도 안 된다. 우리가 접촉하는 대부분의 사람들은 명령을 수행하는 사람들이지, 결정하는 사람이 아니다. 북한에서 의사 결정권을 가진 사람은 매우 소수다. 그리고 최종 결정권은 오직 '한 분'만 가지고 있다는 사실을 명심해야 한다.

북한에서는 누가 의사 결정권을 가지고 있나?

평양류경정주영체육관에서 조용필 공연을 준비할 때였다.

"화약 다 치우라."

갑자기 나타난 한 남자의 지시로 경호원들이 무대의 불꽃용 화약을 모두 수거해 갔다. 아무런 설명이나 해명이 없었다. 돌발 상황은 또 일어났다. 그가 리허설을 중단할 것을 요구했다. 공연 세 시간 전, 마지막 체크를 하는 중이었다. 그는 공연 선발대가 평양에 올 때부터 계속해서 나타나 모든 결정을 독단적으로 처리했다. 합의문도, 항의도 속수무책이었다. 소속도 이름도 몰랐지만, 그는 전시 중의 사령관처럼 행동했다. 아무도 그의 전횡에 이의를 걸 수 없었다. 보위부나 통전부보다 더 강력한 기관에서 나온 사람이 분명했다.

<평양 뉴스 2000>을 방송하기 위해 평양에 머무를 때도, 아직 방송이 하루 더 남았는데 갑자기 평양에서 나가줄 것을 요구했다. 원래 3회 생방송이었는데, 그들이 5회를 해도 좋다고 해서 5회로 늘렸다. 그런데 갑자기 4회 방송 후 중단시키고 출국을 요구한 것이다. 우리의 파트너인 조선아태는 이유를 묻지 말라고 했다.

평양에서 일을 하다 보면 갑자기 사람들이 전시 모드로 바뀔 때가 있다. 어제까지 부드럽고 합리적이던 사람들이 오늘 아침에는 유격대원처럼 돌변한다. 강력한 명령에 따라 전투 태세에 임하는 사람들 같다. 유격대 국가, 혹은 병영 국가의 특성이 갑자기 나타난다.

북한 사람들은 늘 입버릇처럼 "신심(信心)을 가지고 일하자"라고 한다. 그렇지만 이런 상황에서는 신심을 가질 수 없다. 내가 아는 누구도 최종적인 의사 결정권이 없기 때문이다.

따라서 평양에서는 모든 상황에 대비해야 한다. 악화된 상황은 누구도 바꿀 수 없다. 시간을 끌어도 해결의 실마리는 찾지 못한다. 지시는 우리가 만나는 사람보다 훨씬 높은 곳에서 떨어지기 때문이다. 그래서 조건이 좋을 때 빨리 빨리 일을 해치우는 게 좋다. 기회를 놓치면 전투에서 질 수밖에 없다.

감성적으로 접근하지 말 것 :
돈이냐? 체제 선전이냐?

"오 선생, 이번에는 통 크게 사업 한번 구상해보시오."

북측 인사를 만나서 협의가 진행되면 어김없이 듣는 말이다. 이벤트 규모를 크게 확대하라는 의미가 아니다. 사업비를 크게 준비하라는 말이다. 이번 사업은 돈이 좀 있어야 가능하다는 뜻이다. 대북 사업은 돈이 들어간다. 내가 처음 방북했던 20년 전이나 지금이나 마찬가지다. 비단 언론 교류뿐 아니라 스포츠 교류, 학술 교류, 문화 교류, 종교 교류 심지어 인도 지원 사업까지 별도의 사업비가 들어간다. 사회주의 국가인 북한에서 돈을 지렛대로 남북 문제에 접근하는 것을 보고 실망해서 아예 사업을 접는 사람도 있다.

남한은 돈과 물질이 우선인 사회고, 북한은 정신과 도덕이 우선인 사회라고들 생각한다. 하지만 남북 교류의 실전 현장에서는 맞지 않는 말이다. 돈 때문에 만나고 돈 때문에 분쟁이 생긴다. 만날 때마다 "돈, 돈, 돈" 해서 정신이 혼미해진다. 나를 돈 보따리로 보는 것 같아서 자존심이 상할 때도 있다. 이 사람들이 치열한 경쟁사회 속에서 돈을 버는 게 얼마나 힘이 드는지 알고나 있을까 하는 생각까지 든다. 과연 안다면, 숫자 뒤에 '0' 하나를 이렇게 쉽게 붙일까 의구심이 생긴다.

북측의 입장을 이해할 수 없는 것은 아니다. 사실 북한에서 외화는 생존과 직결되어 있다. 강력한 대북 제재가 진행되는 상황에서 외화는 더더욱 필요하다. 북에서 외화 조달은 지극히 현실적인 문제고 국가가 해결해야 할 당면 과제다. 정신과 도덕을 따질 때가 아니다. 따지고 보면 남북 교류도 생존 다음 순위일 수밖에 없다.

북측의 태도를 문제 삼기 위해서 불편한 말을 꺼낸 게 아니다. 우리의 대북 교류 자세를 지적하기 위한 것이다. 실제로 남한의 통일 운동, 특히 민간 차원의 교류는 다분히 감성적인 부분이 있다. 많은 사람이 민족 동질성 회복을 주장하며, 일제 강점기 혹은 일제 이전에 있었을 법한 상상의 세계로 돌아가길 원한다. 북한 어딘가에 우리가 찾는 동질감이 남아 있을 것이라는 막연한 꿈을 꾸면서 말이다.

하지만 북한은 지금 우리가 보고 있는 그대로다. 사회주의 혁명 완수를 위해 과거의 봉건적 사상에서 완전히 탈피했고, 한국전쟁과 그 이후의 복구 과정을 거치면서 국토는 완전히 개조되었다. 조선중앙TV에 나오는 도발적인 아나운서의 말투, 빠른 율동의 춤, 고음의 여성 가수, 협동농장에서 땀 흘리며 공동의 이익을 위한 희생을 미덕으로 여기는 노동자들(물론 최근 사유 재산에 대한 관심이 높아지고 있지만)…. 북한과 우리의 동질적 영역은 공통의 조상, 말, 일부 음식 외에는 거의 남아 있지 않다. 역사의식도 다르고, 종교관도 다르다.

남북한 간의 민간 교류에 대한 접근 방식도 완전히 다르다. 앞서 말한 것처럼 북은 외화 조달을 우선순위로 둔다. 먹고살아야 평화든 통일이든 논할 수 있다. 외화 조달이 되지 않으면 북한의 체제 안정에 도움이 되어야 한다. 언론 교류의 경우에는 체제 선전에 도움이 되어야 한다. 북한 입장에서는 돈도 안 되고 정치적으로 득도 없으면 굳이 체제 이완의 부담을 안고 교류를 할 필요가 없다.

또한 북한은 민간 교류를 당국 간 교류의 보조적인 역할로 생각한다. 예전에는 국가 중심의 교류에 지장이 있을 때 민간 교류를 허용했다. 지금처럼 남북 수뇌가 대화에 나서서 다양한 방면의 교류를 논의할 때 민간 교류는 뒤로 밀릴 수밖에 없다.

결국 북한은 지극히 현실적 문제를 해결하기 위해 교류를 한다. 반대로 남한의 상당수는 다분히 이상적인 목표를 달성하기 위해 교류에 나선다. 북한의 교류 주체는 북한 당국 하나지만, 남한의 교류 주체는 남한 당국 외에도 매우 다양하다.

민족 동질성에 대한 막연한 동경, 북측 당국의 선의에 대한 기대, 남북이 만나기만 하면 얽힌 실타래가 풀릴 거라는 몽상은 갖지 않는 것이 좋다. 경제 제재가 풀리고 체제 위협이 사라지면 북한의 대남 교류 방식도 완전히 바뀔 것이다. 그때는 정신과 도덕을 우선하는 원래의 모습을 되찾길 기대한다. 그러나 아직 북이 우리를 만나는 목적은 분명하다. 방송사를 만날 때는 더욱 그렇다. 돈이냐? 체제 선전이냐?

과음하지 말 것 :
우리가 끝낼 때 그들은
시작한다

"자, 쭈욱 냅시다!" 북한식 건배사다. 요즘에는 남한식으로 건배사를 준비하는 사람도 있다. 얼마 전 평양의 만찬장에서 북측 인사는 어렵게 재개한 민간 교류를 지속하자는 의미에서 "잡은 손!"이라고 선창하고 우리는 "놓지 말자!"라고 화답했다.

남이나 북이나 술 문화는 비슷하다. 술 인심이 후하고, 술 한잔이면 구원(舊怨)도 사라진다. 술잔 앞에 놓고 인상 찡그리는 단군의 자손은 보지 못했다. 2017년 남한의 술 소비량은 세계 17위였다고 하는데 북한도 순위를 매긴다면 우리보다 적어도 한두 단계 더 높을 것 같다.

확실히 우리는 술을 좋아하는 민족이다. 삼국지 위지동이전에 동예 사람들이 "주야음주가무(晝夜飲酒歌舞)", 즉 밤새도록 술을 마시고 춤을 즐겼다는 기록이 나오는 걸 보면 역사적으로도 근거가 있는 이야기다. 북한 측 인사 가운데는 10년 내외의 군복무를 마치고, 군대 추천으로 대학을 나온 사람이 많아서 그런지 대체로 성격이 남자답고 호방하다. 그래서 '두주불사(斗酒不辭)'다. 술을 거절하는 사람을 본 적이 없다.

북한의 술맛도 일품이다. 대동강 맥주, 백두산 들쭉술, 고려 인삼술, 개성 소주, 능구렁이 술까지 이름난 술이 많다. 북한을 방문한 남한 애주가들은 어려운 살림에도 변치 않은 술맛을 유지하는 북한에게 진심으로

남한의 '폭탄주 문화'와 북한의 '사내다운 술 문화'가
만나면, 전에 없는 화기애애한 분위기가 조성된다.

북한의 개성 소주.

고마움을 느꼈다.

세계적으로 독보적인 남한의 '폭탄주 문화'와 북한의 '사내다운 술 문화'가 만나면, 전에 없는 화기애애한 분위기가 조성된다. 남한을 칭찬하는 데 인색한 북측 애주가들도 남한의 폭탄주는 아낌없이 칭찬한다. 심지어 자신들도 능수능란하게 폭탄주를 제조한다.

문제는 음주가 적당한 선에서 끝나지 않는다는 것이다. 금강산에서 있었던 일이다. 제작을 위해 방송사 간부들과 북측 인사들을 만났다. 난상 토론이 끝나고 호텔 식당에서 제법 성대한 술자리가 마련됐다. 남측 네 명, 북측 세 명이 참석했다. 대동강 맥주로 시작해서 백두산 들쭉술이 오가고, 급기야 폭탄주가 돌았다.

술자리에서는 큰소리를 치고 술을 많이 마시는 사람이 좌장이 된다. 북측 인사들은 술은 많이 마시지만 말은 많이 하지 않는다. 술자리도 업무 공간이어서 발언한 내용을 나중에 보고해야 하기 때문이다. 실언을 하면 옆자리 사람이 보고할 수도 있다. 따라서 북측 인사들은 술을 많이 마시면 말 대신 주로 거드름만 피운다. 말 많은 사람은 대체로 남측에 있다. 좌장이 된 남측 간부가 폭탄주를 제조해서 바쁘게 돌렸다. 긴장이 풀리면서 서로 속에 담아둔 말이 오갔다. 말이 많아지자 상대방이 듣기 싫은 소리도 나왔다. 그냥 넘어가면 될 일을 누군가가 불쾌한 감정을 드러냈다. 술이 들어가니 감정조절이 안 되었다. 북측은 이럴 때도 침착함을 유지하려고 노력한다. 술자리가 끝나고 업무 보고 시간이 기다리고 있기 때문이다.

아니나 다를까 남측 간부가 버럭 화를 냈다. 취기가 올라 평소의 주사가 나왔다. 술에 관대한 남측 문화로 보면 '사나이다운 호기'로 치부할 수 있겠지만 여기가 북측 지역이고 북측의 대남 사업가들과 마주한 자리라는 사실을 그는 망각했다. 언성이 높아지면서 분위기가 엉망이 되었다. 결국 북측 인사들이 참지 못하겠다면서 자리를 박차고 나갔다. 남측 인사는 술이 완전히 깰 때까지 사태의 심각성을 인지하지 못했다.

아침이 되자 내가 나서서 서둘러 수습을 시도했다. 북측 인사들은 아예 전화를 받지 않았다. 그냥 기다리는 수밖에 없었다. 한참이 지나서야 북측이 마지못해 우리의 사과를 받아들이는 모습으로 상황이 마무리되었다. 빈손으로 돌아가면 양측 모두 부담이 될 수밖에 없기 때문이다.

이야기가 좀 길어졌지만, 북측 인사들의 술 매너는 좋은 편이다. 앞서 언급했듯이, 남측 사람들과 동석한 이상 술좌석도 엄연한 업무공간이다. 남측은 업무가 끝나서 술자리를 갖지만, 북측은 술자리가 끝나면 비로소 본격적인 업무를 시작한다. 남측이 술자리를 파하고 고주망태가 되어서 호텔방으로 돌아갈 때, 그들은 사무실에 모여서 하루 일과를 정리하고 총화 시간을 갖는다. 우리가 술좌석에서 한 실언조차도 그들은 놓치지 않는다. 그들이 술자리에서 실수를 해서는 안 되는 이유기도 하다. 20년 동안 주사하는 북측 인사를 단 한 번도 본 적이 없다.

깊은 이념의 골을 메우는 데 술만큼 유용한 것은 없다. 그러나 과음은 금물이다. "외모는 거울로 보고 마음은 술로 본다"는 속담이 있다. 명심하자. 우리가 끝날 때 그들은 비로소 시작한다는 사실을!

과장하지 말 것 :
찬양도 비난도 싫어한다

북한 사람들은 매우 호전적이고 시끄러울 거라는 선입견을 가진 사람들이 많다. 하지만 정반대다. 방송이나 공식적인 자리에서는 강한 척하지만 실제로는 매우 조용하고 소극적이다. 무엇보다 일 만들기를 싫어한다. 불평 없이 시키는 일을 하고 조용히 배급을 받아 가는 것이 어쩌면 사회주의의 모범적인 인간상일 것이다.

초기 방북 때 있었던 일이다. 첫날 회식 장소에서 자기소개를 하는 시간이 있었다. 회식 장소는 식당에 별도로 딸린 '외화 식당 칸'이었다. 일반인들과 접촉하지 못하도록 마련한 곳이다. 첫 방북이었던 동료가 자기 차례가 돌아오자, 흥분한 나머지 남한을 비난하는 발언을 했다. 급기야 남한 대통령도 비난했다. 이럴 때 북한 측 참석자들은 어떤 반응을 보일까? 박수를 보내며 적극적으로 호응할까? 아니다. 조용하다. 오히려 당황해한다. 평생 윗선의 지시를 따르며 살아온 그들에게는 저항 메커니즘이 형성되지 않았다. 적어도 공개적인 장소에서 상부를 비난할 수 없다. 비난 자체를 이해할 수 없다. 회식이 끝나자 우리를 안내한 리 참사가 조용히 다가와 귓속말로 물었다.

"오 선생, 남조선 사람은 왜 자기 손으로 뽑은 대통령을 욕하지?"

다음 날 저녁 식사 시간이었다. 그 동료가 이번에는 술기운에 북한에 우호적인 발언을 쏟아냈다. 역시 북한 사람들은 반응이 없었다. 리 참사가 다시 말했다.

"저 선생은 남조선 국정원에서 보낸 사람 아니요? 나중에 본인한테 좋을 리 없을 텐데. 왜 자꾸 저런 소리를 하지?"

북한 사람들은 공식적인 자리 외에는 정치적인 발언을 하는 걸 싫어한다. 아침에 정치 구호로 눈을 떠서 저녁에 정치 구호로 눈을 감는다. 집 주변은 정치 구호로 덮여 있다. 아무리 좋은 이야기도 자꾸 들으면 질릴 만도 하다. 모처럼 만난 남한 사람에게 색다르고 신선한 이야기를 기대했는데, 또 정치적인 이야기를 들으면 실제로는 고리타분해한다.

북한 사람들에게 호감을 사기 위해서는 어떻게 해야 할까? 말은 필요 없다. 물질적으로 도움을 주든지, 행동으로 도움을 줘야 한다. 장마당을 통해 시장의 원리, 물질의 중요성을 체득한 사람들이다. 북한 사람들도 속 빈 구호는 싫어한다. 물질도 없고 행동도 옮기기 어려울 때는 어떻게 할까? 그냥 조용히 입 다물고 있는 게 낫다. 토마스 무어가 말했다.

"가장 깊은 감정은 항상 침묵 속에 있다."

정치 이야기는 하지 말 것 : 정치는 그들을 재무장시킨다

남한 사람들은 누구나 평양에 가면 진지해진다. 분단 70년의 역사, 최근까지 이어진 크고 작은 군사 충돌을 회상하면서, 갈등과 대립의 한가운데 서 있는 자신이 분단 극복을 위해 무언가를 해야 한다는 사명감 때문이리라. 그런데 북한 사람들은 정치 이야기를 싫어한다. 우리도 마찬가지다. 편한 자리에서 정치 이야기, 종교 이야기를 하는 사람을 좋아하지 않는다. 정치 이야기, 종교 이야기는 결국 논쟁으로 치닫는다. 결론도 안 날 주제로 논쟁해서 무슨 득이 있는가?

노무현 정부 때다. 베이징에서 낯선 북한 사람을 만난 적이 있다. 그의 신분을 정확히 몰랐으므로 의례적인 멘트를 했다. 고난의 행군기를 극복하고 자력갱생의 기반을 마련한 북한을 칭찬하는 내용이었다. 그랬더니 그가 얼굴을 찡그리면서 손사래를 쳤다.

"뭘 그런 소리 하십니까? 사업 이야기나 합시다."

순간 이 사람이 북한 사업가로 위장한 조선족이 아닐까 의심했다.

언젠가 베이징에 있는 해당화식당에서 북한 관리들을 만났다. 방북 절차를 협의하기 위한 자리였다. 북한 식당은 방이 있는 곳이 많아서, 미리 예약하면 눈치 보지 않고 편하게 이야기할 수 있어서 좋다. 회의가 끝나면 장소를 옮기지 않고 바로 회식으로 이어질 수도 있다.

협의가 순조롭게 끝나고 음식이 나오기 시작했다. 늦은 저녁 시간이었으므로 모두 출출했다. 해당화식당 음식은 다 맛있지만, 특히 김치가 일품이다. 씹을 때 사각사각한 식감이 좋고 국물도 시원하다. 평양랭면에 곁들이면 메밀 맛과 어우러져 색다른 풍미를 느낄 수 있다. 배고플 때 음식을 앞에 두면 기분이 좋아지는 건 인류의 보편적인 정서다. 모두 밝은 표정으로 젓가락을 들려고 할 때였다. 북한 사람을 처음 만나는 후배가 갑자기 북한의 '연방제 통일 방안'에 대해 물었다. 바로 옆에 앉은 북한 관리의 표정이 잠시 어두워지더니 젓가락을 놓았다. 그리고 비장한 어조로 '미군 철수와 우리 민족끼리 통일 방안'을 설명했다. 다른 사람들이 냉면 그릇을 다 비울 때쯤에야 두 사람은 젓가락을 들 수 있었다. 결과적으로 후배는 무거운 질문으로 북측 관리의 저녁 식사를 방해한 셈이 되었다. 북측 인사는 테이블에 둘러앉은 사람들을 의식해서 가장 정치적인 행동을 취할 수밖에 없었다.

남이나 북이나 정치는 무거운 주제다. 결론도 나지 않는다. 북한 여성들도 정치, 군대, 축구 이야기는 정말 싫어한다고 한다. 평양에 간다면 눈치 없이 정치 이야기는 끄집어내지 말자. 정작 중요한 사업 진행을 지연시키고, 공연히 북한 주민을 고생시킨다. 쓸데없는 긴장을 유발하고 편한 자리를 딱딱하게 만든다. 남북 간의 소통을 단절시키고 갈등을 증폭시킨다. 그들은 정치적인 주제는 절대로 양보하지 않는다. 정치는 그들을 단단히 재무장시킨다.

평양에서 친구 찾지 말 것 : 평양에서 친구 만나기란 달나라 토끼 만나기보다 어렵다

1999년 가을, 방송사 최초로 남북한 당국의 공식 승인을 받아 프로그램을 제작했다. 〈조경철 박사의 52년 만의 귀향〉이라는 다큐멘터리였다. 미국 NASA 연구원 출신으로 '아폴로 박사'로 유명한 조경철 박사가 고향에 있는 동생을 만나는 내용이다. 북측에서 선불을 요구해서 우여곡절 끝에 사업비를 마련해 베이징에 도착했다. 베이징 수도공항에는 그들이 보내준 승용차가 대기해 있었다. 돈이 든 가방을 조심스럽게 들고 약속 장소로 갔다. 그런데 베이징의 북한대사관 근처에 도착했는데 돈을 받기로 했던 참사가 나타나지 않았다. 대신 낯선 사람이 나와 있었다.

〈조경철 박사의 52년 만의 귀향〉 취재 중 방문한 만경대 김일성 주석 생가.

신원을 확인하고 돈을 전달하기 전에 '확인서'를 요구했다. 확인서란 '북한 당국이 합의서의 이행을 보장하고, 방북자 신변 보장과 사업 수행에 필요한 편의를 제공한다'는 내용이 담긴 서류다. 아울러 책임 있는 기관의 직인이나 기관장의 서명이 들어가야 했다(현재는 초청장이 그런 역할을 한다). 그런데 당시 우리 정부는 노동당 소속 기관인 조선아시아태평양평화위원회(조선아태)를 책임 있는 국가기관으로 인정해주지 않았다. 대남 공작 기관 정도로 여겼던 것 같다. 대신 행정 부서인 문화성의 직인이 필요하다는 입장이었다.

그전부터 북측은 노동당 소속인 조선아태가 상급기관이며, 상급기관이 하급기관인 문화성에서 직인을 받을 수 없다는 입장을 고수했다. 북한은 당이 행정기관보다 우월한 '당우위체제'다. 통일부에 그런 설명을 하자, 이해는 하지만 규정상 어쩔 수 없다고 했다. 통일부의 승인을 받지 못하면 그 사업과 관련해서 북한에 돈을 줄 수 없고, 승인받지 않고 돈을 주면 결과적으로 '불법 송금'이 된다. 통일부의 태도는 완고했다.

북한 측의 태도는 더 이해할 수 없었다. 어차피 같은 주머니로 들어가는데 문화성 직인을 받는 게 왜 그렇게 힘든지 알 수가 없었다. 하지만 이제는 이해가 된다. 북한의 독특한 조직 문화를 알면 납득이 된다. 상급기관이든 하급기관이든 타부서가 개입하면 사업비를 나누어야 한다. 결국 돈 문제였다. 북한과 사업을 해보면 알겠지만 다른 조직이 끼어드는 걸 극도로 싫어한다. 문화성이 하급기관이긴 하지만 그들이 순순히 직인을 빌려줄 리 없다. 조선아태 입장에서는 타기관을 개입시키지 않고 온전히 자체 사업으로 진행하길 바랐던 것이다. 형편이 좋을 때는 모르지만 고난의 행군기 같은 어려운 시기에는 다른 조직을 챙겨줄 여유가 없다.

베이징에서 만난 새로운 인물은, 자신은 돈만 수령하라는 지시를 받았다고 했다. 확인서는 평양에 들어가서 당사자한테 받으라고 요구했다. 어렵게 가지고 온 달러를 다시 한국으로 가지고 갈 수 없는 형편이었다. 방북 비자는 그 자리에서 당장 내주겠다고 했다. 평양으로 들어갈 수 있는 것은 확실했다. 그들을 믿고 돈을 전달했다. 달러 가방을 받은 참사는 그 자리에서 액수를 확인하고 흡족한 모습으로 악수를 청했다.

평양에서 7박 8일 동안 체류하기로 되어 있었다. 도착한 첫날, 평양의 고려호텔 저녁 만찬장에서 확인서를 조속히 작성해줄 것부터 요구했다. 그런데 북측 대표격인 조선아태 강 실장이 얼굴을 찌푸렸다. 나는 첫날부터 예의에 어긋난 행동을 한 것 같아 더 이상 확인서 이야기는 꺼내지 않았다.

조경철 박사가 동생을 상봉하는 것만큼 나에게는 확인서를 써줄 김 참사 상봉이 급했다. 하루 이틀 시간이 흘렀지만 조 박사 동생 조경두 씨도, 김 참사도 나타나지 않았다. 그들이 어디에 살고 있는지 알 수 없었고, 전화번호도 몰랐다. 허락받지 않고는 호텔 밖을 한 발자국도 나갈 수 없으니 알아도 소용이 없었다. 평양에 가면 어디든 활보할 수 있을 거라고 기대한 내가 바보였다. 북한 사람을 자유롭게 만나려면 차라리 베이징이 나았다. 속이 타들어갔다.

적지 않은 돈이었는데 돈을 전달한 증거는 어디에도 없었다. 종일 우리와 함께 다니던 조선아태의 유 지도원에게 대신 확인서를 요구했다. 그는 시종일관 모른다는 태도였다. 내가 귀찮을 정도로 요구하자, 그는 마지못해 복사용지에 자기 이름으로 확인서를 써주었다. 조선아태의 직인이라도 찍어달라고 하자 그의 대답이 가관이었다.

"우리 조선아태는 원래 서류에 직인을 찍지 않소!"

어이가 없었지만 없는 것보다 나았으므로, 일단 받아두었다.

결국 그날 저녁 그와 말다툼이 붙었다. 사사건건 우리의 요구에 시비를 걸던 그에게 한마디 했다.

"유 지도원, 당신 우리를 도와주러 왔어, 우리 일을 방해하러 왔어?"

나이가 한참 아래여서 반말을 했다.

"뭐야?"

내가 화를 내자, 그도 결투 모드로 덤볐다. 한바탕 소동이 일었다. 나이 든 민화협의 백 실장이 말렸다. 유 지도원과 백 실장은 서로 소속이 달랐다.

"오 선생, 왜 애들하고 싸우나?"

우리는 씩씩거리며 떨어졌다.

다음 날 아침 유 지도원이 사과를 했다. 아마 백 실장이 그를 야단친 것으로 짐작된다. 나한테 반말을 하면서 덤빈 것 때문에 지적을 받은 것 같았다. 20년 동안 북한 사람에게 받은 최초의 사과이자, 최후의 사과였다.

결국 평양을 떠날 때까지 확인서는 받지 못했다. 다행히 내가 북에 현금을 전달한 사실은, 그로부터 몇 달 뒤 방송사와 북한의 고위층이 만난 자리에서 입증되었다. 남북 고위급 회담 참석을 위해 제주도에 온 북측 대표단 중 한 사람과 SBS 사장이 만났는데, 마침 내가 동석했다. 그 자리에서 확인서를 받지 못한 부분을 항의하고 북측이 유감을 표명하면서 마무리되었다.

만약 남북이 사업을 협의하기 위해서 서울, 베이징, 평양, 세 곳 중 어느 한 곳에서 만나야 한다면 어디가 가장 편리할까? 베이징이 가장 낫다. 북측 인사들은 도처에 포진한 감시자들 눈치 안 봐서 좋고(물론 베이징까지 동행하는 보위부 눈치는 봐야 한다), 남측은 반북 시위대가 없어서 좋다. 급하면 평양으로 팩스를 보내거나 국제전화를 할 수도 있다. 두 번째는 그래도 서울이다. 간혹 국정원에서 심하게 간섭하는 경우가 있지만 시설이나 편리함은 서울이 나은 듯하다.

가장 불편한 장소는 평양이다. 평양에 가면 모든 게 해결될 거라는 생각은 안 하는 게 좋다. 호텔 안에서야 비교적 자유롭지만, 호텔 밖을 다닐 수가 없기 때문이다. 사람도 찾아와야 만날 수 있다. 평양에서 평양 사람 만나기가 달나라 가서 토끼 만나기보다 더 어렵다.

북한에서 가장 협상하기 좋은 장소는?

가장 협상하기 좋은 장소는 개성과 금강산이다. 일단 거리가 멀지 않아 접근성이 좋고 남이나 북이나 방문 절차가 번거롭지 않다. 개성은 양측 다 당일 방문이 가능하다. 서울에서 개성까지는 약 70킬로미터고 평양에서 개성까지는 약 170킬로미터다. 아침에 출근해서 SBS 목동 사옥에서 차를 몰고 개성까지 다녀온 적이 여러 번 있다. 동료조차도 내가 개성에 다녀온 줄을 몰랐다.

개성에서는 개성공단 내에 있는 봉동식당보다는 개성 시내에 있는 민속려관이나 자남산려관이 좋다. 민속려관이나 자남산려관에 가려면 시내를 가로질러 가야 해서 주민들이 사는 모습을 볼 수 있다. 자남산려관은 유명한 선죽교를 지나가므로, 고려 충신 정몽주의 흔적까지 살펴볼 수 있다.

금강산은 당일에 다녀오기는 어렵지만, 산과 바다가 어우러진 천혜의 관광지여서 남북에서 모두 환영하는 회담 장소다. 일만이천봉을 바라보며 즐기는 노천 온천욕, 피톤치드 속에서 쾌적하게 하루를 보낼 수 있는 숙소 등의 장점이 있다. 두 곳 다 남북 당국의 간섭을 적게 받는 일종의 심리적 해방구다.

개성 민속려관은 일제 때 지어졌지만 한국전쟁 때 용케도 폭격을 피했다.

사람을 믿지 말 것 :
프로는 누구의 편도 아니다

2018년 8월에 개봉되었던 영화 〈공작〉을 본 적이 있다. 남한의 대북 공작원 흑금성이 북한의 핵무기 개발의 실체를 파악하기 위해 사업가로 위장해서 북한에 잠입하고, 그 과정에서 남한의 한 정당 인사가 북한 측에 도발을 해주면 400만 달러를 주겠다는 제안을 한다는 내용이다. 영화의 배경이 된 1997년 '총풍 사건'의 남북 두 주역은 내가 잘 아는 사람들이다. 남쪽 주인공의 모델이 된 사람은 북풍 사건으로 구속되었다가 증거불충분으로 풀려났다. 증언해줄 사람이 없었던 것 같다. 북쪽은 베이징의 캠핀스키호텔을 중심으로 한때 대남 사업을 현장 지휘하던 조선아태의 강 실장이다.

영화 상영 직후에 영화를 본 소감이 어떠냐는 질문을 자주 받았다. 영화의 리얼리티가 궁금한 모양이다. 대북 공작원들의 실제 생활이 정확히 어떤지는 모르겠지만, 과거 중국에서 만난 북한 관리들의 모습이나 방북 경험에 비추어 대략적인 추정은 가능했다.

실제로 민간 교류의 북한 측 파트너 중에는 보위부 소속으로 보이는 사람들이 다수 섞여 있다. 우리는 관과 민이 엄격히 구별되지만, 북한은 그들 모두가 국가 업무를 수행하는 공무원들이어서 직간접적으로 공작에 연결되어 있다고 봐도 무방할 것이다.

우선 배우 이성민이 연기한 북한 관리 리명운은 결코 존재할 수 없는 사람이다. 정확히 말해서 리명운처럼 처음부터 자기 속을 드러내는 북한 관리를 만나기는 불가능하다. 처음 만난 사람한테 다짜고짜 남한 정보를 넘겨달라고 하는 것은 자신의 패를 먼저 보여주는 바보 같은 짓이다. 또 북한 관리들은 영화에서처럼 상대에게 감정을 쉽게 노출하지 않는다. 의사 표현이 명확하지도 않다. 늘 애매한 표현을 쓴다. 의사 결정권이 오직 한곳에 집중되어 있는 조직에서, 섣불리 개인의 의견을 제시했다가 나중에 어떤 불이익을 받을지 모르기 때문이다.

따라서 상부의 지시를 기계적으로 전달하고, 조금이라도 개인의 책임이 될 만한 언행은 하지 않는다. 말도 접촉도 최소화한다. 북한 사람들이 딱딱해 보이는 이유는 그 때문이다. 터놓고 이야기할 정도면 정말 오랫동안 교류하면서 신뢰가 쌓여야 하는데, 그런 경우는 매우 드물다.

마찬가지로 배우 주지훈이 연기한 정무택이 자신을 국가안전보위부(현 국가안전보위성) 제2국 과장이라고 소개하는 부분도 실제와 다르다. 북한의 중앙당 간부들이 남한 사람 앞에서 자신들의 소속을 명확히 밝히는 경우는 거의 없다. 이름도 가명을 쓰거나 만날 때마다 바뀌기도 한다. 정보기관인 국가안전보위성은 더 폐쇄적이다. 해외에서 남한 사람과 접촉하는 북한 사람은 반드시 두 사람이 한 조로 나오는데, 그중 한 사람은 반드시 보위성 사람이라고 한다. 그러나 20년 동안 단 한 번도 자신을 보위성 소속이라고 소개한 사람을 만난 적은 없다.

우리가 잘 아는 민족화해협의회나 조선아시아태평양평화위원회도 사실 노동당 통일전선부의 위장 기관이다. 평양 어디에도 민족화해협의회

혹은 조선아시아태평양평화위원회 간판을 내건 건물은 없다. 남북 교류와 대남 공작을 담당하는 통일전선부 소속이라는 것을 굳이 공개하지 않기 위해서다. 직책도 애매한 '참사' 혹은 '책임참사'라고 부른다. 따라서 정무택이 흑금성에게 시종일관 의심의 눈을 거두지 않으면서, 자신을 국가안전보위부 제2국 과장이라고 소개할 리가 없다.

리명운과 정무택처럼 북한의 대남 사업가들이 남한 사람 앞에서 자기들끼리 이견을 노출하는 경우도 실제로는 드물다. 북한의 대남 사업 일꾼들은 외국에 나가면 반드시 2인 1조로 행동한다. 두 사람은 소속이 다르다. 보고 라인이 다르다는 의미다. 그렇지만 적을 앞에 두고 갈등을 노출하지 않는다. 한 사람은 실무자고 한 사람은 단지 감시자 역할이기 때문에 갈등의 소지 또한 거의 없다.

중국을 자신의 안방마냥 활보하는 장면도 볼 수 없다. 북한과 중국이 전통적인 우방이긴 하지만 생각만큼 사이가 좋지는 않다. 고위층은 모르겠으나 북한대사관 직원이나 사업자들이 중국에서 특별히 우대를 받지는 않는다. 오히려 우리보다 더 까다로운 규제를 받는다는 느낌이다. 북한도 중국을 상당히 경계한다. 북한의 일반 주민들은 북한에 거주하는 화교를 간첩이라고 생각하고 접촉을 꺼린다고 한다.

북한 보위부 요원이 중국에서 총을 차고 다닌다거나 중국 투숙객들이 보는 호텔에서 남한 사람의 몸을 수색하는 일은 있을 수 없는 일이다. 간부들이 '수령님 초상 휘장(배지)'을 달고 중국의 나이트클럽에 들어가 춤을 추는 것은 '긍지와 자부심에 가득 찬 조선민족'으로서 불가능하다.

북한에서 최고 지도자는 '무결점의 초계급적 지도자'다. 따라서 신적 존재인 김정일 위원장에게 흑금성이 몇 백만 달러로 거래를 시도하거나, 리명운이 김정일 위원장을 설득하려는 모습은 단지 영화적 설정일 뿐 현실에서는 일어나지 않는다. 그들은 대화 중에 '김정일 위원장'을 거론하는 것조차 불경스럽게 생각한다. 간혹 남한 사람들이 북한 측의 환심을 사려고 "김정일 위원장님" 하며 말을 꺼냈다가 수습을 하지 못해서 곤란해하는 경우가 종종 있다.

상급자의 부당한 명령을 거부하고 남북의 진정한 평화를 위해 '공작'에 나선 흑금성은 결국 간첩 혐의로 처벌을 받는다. 권력에 대항한 대가로 묘사된다. 적과 동지가 뒤바뀌고, 사적 이익이 공적 이념을 뛰어넘는다. 실제 공작의 세계에서도 피아 구분이 불분명할 것으로 보인다. 정보 거래도 충분히 가능하다. 진정한 프로에게는 '이념'보다 '이익'이 중요하기 때문이다.

실제로 내가 경험한 이야기다. 학술 행사 참가를 위해 평양을 방문했을 때였다. 남한의 유명한 역사학자, 취재진, 행사 후원자인 기업가 외에 정보기관 소속의 여성 한 사람이 참석했다. 보통 정보기관 소속 사람들은 자신의 신분을 숨기지만, 그녀는 누가 봐도 표가 나게 행동했다. 매우 시급한 과업을 수행하는 것으로 보였다. 그때만 해도 남북 교류가 꽤 활성화될 때여서 정보기관 소속이라고 특별한 제약을 받지 않았던 것 같다.

숙소는 양각도호텔이었다. 그녀가 서로 인사도 할 겸 차 한잔하자고 했다. 낮에는 일정이 바빠서 방북 3일째 되는 날 밤 11시가 넘어서 만났다. 그 시간에 양각도호텔에서 문을 연 곳은 지하 카지노 맞은편에 있는 중국식 가라오케뿐이었다. 우리는 어쩔 수 없이 가라오케로 갔다.

손님은 아무도 없었다. 우리는 넓은 테이블에 앉아 편하게 맥주 두 병과 안주를 주문했다. 그때 우리를 알아본 중국인 주인이 곤란한 표정을 지었다. 남한 사람의 입장은 곤란하다고 했다. 내가 중국어로 주문을 해서 중국 관광객인 줄 알았다는 것이다. 결국 우리는 객실로 와서 맥주와 음료수를 가볍게 마시고 헤어졌다.

다음 날 아침 8시쯤 조선아태의 박 참사로부터 전화가 왔다.

"오 선생, 1층에 있는 찻집으로 좀 와줘야겠소."

목소리가 딱딱했다.

커피숍에는 조선아태 참사 세 명과 낯선 사나이 두 명이 기다리고 있었다. 낯선 사나이들은 표정만 봐도 보위부라는 걸 알 수 있었다.

박 참사가 대뜸 따지듯이 물었다.

"오 선생, 똑똑히 이야기하시오. 오 선생이 지난가을 베이징에서 나한테 털옷 선물했소?"

뜬금없는 추궁이었다.

"내가 언제 베이징에서 박 참사를 만났습니까? 나는 베이징에서 박 참사를 만난 적이 없습니다."

실제로 베이징에서 박 참사를 본 적이 없었다. 옆에 있던 두 사나이는 서로 실망하는 눈빛을 주고받았다. 나는 아침을 먹겠다며 커피숍을 나왔고 아무도 말리지 않았다. 보위부 사람들은 그 이른 시간에 박 참사를 조사하러 나온 것이 확실했다. 누군가 보위부 측에, 내가 조선아태 참사들에게 뇌물을 줬다고 제보를 한 것이다. 그렇다면 제보자는 누구일까? 어제저녁에 만난 그 여성이 의심스러웠다.

엊저녁 대화에서 그 여성은 남북 교류 업무의 어려움을 토로했다. 종종 북측 파트너들이 물질적인 요구를 한다고 했다. 나도 언젠가 중국에서 추운 날씨에 얇은 옷을 입은 북측 관리에게 오리털 점퍼를 사주었다는 이야기를 했다. 그런데 이야기가 와전되어 학술토론회를 담당하던 박 참사에게 털옷을 선물한 것으로 전달된 것이다. 어떻게 이 대화가 북측 보위부에 전달된 것일까? 언제 전달된 것일까? 당장 그 여성을 만나서 확인을 하려고 했지만, 내가 조사받은 걸 알고 있는지 계속해서 나를 피하는 눈치였다.

무척 화가 났다. 만약 그녀가 범인이라면, 어떤 의도로 대화 내용을 북측에 전달했을까? 아주 늦은 시간에 북측 관계자를 만나기로 되어 있었고 그들과 거래할 정보가 필요해서 나를 미리 만난 것이 아닐까 하는 의심이 꼬리를 물었다. 김포공항에 도착하자마자 나는 막 공항을 벗어나려는 그녀를 불러 세웠다. 우선 양각도호텔 1층 커피숍에서 일어난 사건을 상세히 설명하고 혹시 그들에게 우리 대화를 전달했는지 조심스럽게 물었다. 그녀는 즉각 우리가 도청당한 것 같다고 대답했다. 말하자면 우리 둘 다 피해자라는 얘기였다. 하지만 그 말을 믿을 수가 없었다. 그 많은 객실 가운데 별 볼 일 없는 내 방을 도청했을 리 만무했기 때문이다. 그녀는 모르는 일이라며 혐의를 극구 부인했다. 본인이 말한 적이 없다고 하니 사과를 받을 수도 없었다. 분이 풀리지 않아 기자회견을 해서 정보기관의 행태를 고발해야겠다고 마음먹었다. 그 기관에 있는 후배에게 자초지종을 설명하니 후배는 적극적으로 말렸다. 기자회견으로 분은 풀 수 있을지 모르지만 이후에는 정보기관과 적이 된다는 것이었다. 후배 말이 맞았다. 명확한 증거도 없을뿐더러 대북 사업을 계속할 거라면 그들의 도움이 필요했다. 나는 도를 닦는 마음으로 화를 가라앉혔다.

과연 북한에서 도청을 했을까? 정보기관들의 속성에 대해서는 잘 모른다. 그렇지만 당시 나는 방문단 대표도 아니고, 저명인사도 아니었기 때문에 내 방에까지 도청 장치를 했다고는 보지 않는다. 평양 방문자가 매년 수천 명에 달할 때였으므로 그들 모두의 대화를 도청할 정도로 북한 당국이 한가하지는 않았을 것이다. 그렇다면 범인은 명확해진다. 그런 사정을 아는 사람은 단 한 사람뿐이기 때문이다. 물론 내 생각이 틀릴 수도 있고, 공연히 선량한 국가공무원을 오해하고 있을지 모른다. 실제로 보안의식이 투철한 북한의 기관원이 내 방까지 도청했을 수도 있다.

하지만 나는 확신한다. 영화 〈공작〉에서도 보았듯이, 권력자들의 세계에서는 언제든지 적도 동지가 될 수 있고, 정보기관들 사이의 정보 거래는 얼마든지 일어날 수 있다는 것을! 진정한 프로의 세계는 적과 동지가 따로 없다. 단지 이익을 좇을 뿐이다. 어설프게 행동하면 누구나 희생자가 될 수 있다. 십수 년 전의 일이지만, 그때를 생각하면 다시금 공작 세계의 비정함에 전율을 느낀다.

북한에도 강경파와 온건파가 있다

우리가 평양을 방문할 때는 항상 육로를 선호한다. 특히 장비나 짐이 많을 때는 당연히 육로가 좋다. 지난번 김정은 위원장이 4·27정상회담에서 언급했듯이 북한의 교통사정은 '불비(不備)'하다. 그래도 개성을 통한 육로가 시간을 단축하고 짐을 수송하는 데 유리하다. 육로가 아니면 항로를 택해야 하는데, 서해직항로나 중국을 통한 우회노선이 있다. 이 경우 짐이 많으면 배로 보내야 한다. 지금은 중단되었지만, 참여정부 때까지는 인천-남포 항로를 이용했다. 하지만 남포는 하역 시설이 좋지 않아서 야간작업이 힘들고, 파손의 염려도 있었다. 그래서 짐을 가지고 방북할 일이 있으면 어떡하든 육로를 열어달라고 요청했다.

육로를 뚫는 것은 여간 어려운 게 아니다. 조선아태나 민화협 사람들은 육로를 열어달라고 요구하면 아예 손사래를 친다. DMZ가 군부 관할이기 때문이다. "우리도 군인들하고 일하기 참 힘듭니다"라고 노골적으로 불편한 심기를 드러낸다.

북한이야말로 단일한 지휘 아래 일사불란하게 움직이는 사회인 줄 알았는데 의외였다. 군과 민이 구별된다는 사실도 생소했다. 실제 남북 교류 과정을 보면 군부나 보위부는 끊임없이 견제를 했고 통일전선부와 주민들은 교류에 호의적이었다. 북한도 하나가 아니다. 북한에도 강경파와 온건파가 나누어져 있다.

★

그들이 잘
모르는 것
세 가지

━━━━━━━━━━

　　　　　　외부인이 평양에 가면 구호가 많다는 것에
놀란다. 외국인들은 평양을 '구호의 도시'라고 부른다. 또 대화를 해보면
누구나 말을 잘한다는 걸 알 수 있다. 평양 사람은 예외 없이 달변가다.
그런데 자세히 관찰하면 그들은 하는 말만 한다. 외부인에게 말하지 말아
야 할 금기사항이 많기 때문이기도 하고, 의외로 모르는 것이 많기 때문
이기도 하다. 우리는 평양에 도착하면 궁금한 것이 참 많다. 그래서 질문
도 많이 한다. 그러나 명심하자. 힘들게 만난 북한 사람들에게 모르는 걸
억지로 물어서 곤란에 처하게 하면 안 된다. 북한을 이해하는 또 하나의
키워드, 그들이 모르는 것 세 가지를 알아보자.

그들은 음식 이름을 잘 모른다

평양랭면, 평양온반, 녹두지짐, 대동강숭어탕, 개성만두, 개성조랭이떡국, 개성닭곰, 개성우메기, 언감자떡, 이런 북한 음식은 남한에도 많이 소개되었다. 그런데 막상 평양에 가면 갖가지 낯선 음식들이 많다.

나는 북한 음식을 좋아한다. 좀 미안한 얘기지만, 북한이 한창 어려웠던 고난의 행군기에도 평양에 가면 폭식을 했다. 담백한 맛을 좋아해서 인공 조미료가 적게 들어간 북한 음식이 입에 맞았다.

신의주에 갔을 때다. 날씨가 추워서 외출을 하지 않고 신의주려관 안에서 세 끼를 모두 해결했다. 둘째 날 점심에는 특별한 음식이 나왔다. 조약돌을 숯불 위에 올려놓고 돌의 열기로 구운 쇠고기구이였다. 남측 간사가 북측 관리들에게 요리 이름을 물었다. 네 명 모두 말을 못하고 우물거렸다. 남측 교수가 대신 말했다.

"이름이 뭐가 중요합니까? 맛있으면 제일이지!"

우리는 맞장구를 쳤다. 주거니 받거니 술을 권하는 중에 북측 의례원이 들어왔다. 그녀는 그 요리 이름이 '압록강 강돌구이'라고 가르쳐줬다.

북한에 가면 우리가 모르는 갖가지 요리가 많다. 그런데 북한 관리들도 요리 이름을 잘 모른다. 평소에는 먹어본 적이 없기 때문이다. 남한 사람들이 방북해서 머무르는 곳은 북한 최고급 호텔들이다. 호텔 밖 외식을 하더라도 주로 외국인들이 가는 최고급 식당에 간다. 따라서 북한 관리들도 평소에는 잘 이용하지 못한다. 우리가 평소에 신라호텔이나 워커힐호텔 같은 곳을 잘 가지 않는 것과 마찬가지다.

'특권층'인 노동당 간부들이 고급 식당을 잘 가지 않는 것이 의아할 수 있다. 하지만 그건 남측 사람들의 편견이다. 가까이서 본 북측 관리들은 대체로 검소하다. 실제 생활을 속속들이 알 수는 없지만 적어도 의식주는 상당히 검소하다. 남의 눈을 심하게 의식하는 사회 분위기 때문일 수도 있다.

북한에 처음 가면 모든 것이 궁금하다. 하지만 질문은 가려서 하는 것이 좋다. 비단 음식 이름뿐이 아니다. 질문을 했는데 상대방이 곤란해하면 억지로 대답을 강요해서도 안 된다. 자신이 모르는 것도 있지만, 남한 사람에게 말해서는 안 되는 것도 너무 많기 때문이다. '압록강 강돌구이'는 몰라도 음식 맛이 좋으면 된 것이다.

형형색색의 북한 요리. 궁금해서 이름을 물어보지만 그들도 잘 모르는 건 마찬가지다.

그들은 평양 인구를 모른다

"평양 인구는 몇 명입니까?"

1998년 5월, 평양을 처음 방문했을 때 던진 질문이다. 평양 사람들은 아무도 대답하지 않았다. 심지어 무슨 요구든 시원시원하게 해결해주던 민화협의 백 실장조차 대답을 하지 않았다. 평양을 소개하는 프로그램에는 반드시 들어가야 할 정보였다. 서울에서 구한 책자에는 그 숫자가 들쭉날쭉했다. 평양에 도착하면 제대로 확인해보려고 했으나, 평양 사람들은 근사치조차 알려주지 않았다. 최근까지도 답을 말해주는 평양 사람은 만나지 못했다.

왜 평양 사람들은 인구를 말해주지 않는 걸까? 혁명의 심장부인 평양의 인구가 서울보다 적어서 체면이 서지 않기 때문일까? 아니다. 그 이유는 한참 뒤에 들을 수 있었다.

"오 선생, 평양 인구를 알아서 뭐 합니까?"

2013년, 민화협 리 참사의 답변이었다. 그렇다. 북한 입장에서 보면 평양 인구를 알아야 할 사람은 많지 않다. 인구학자나, 평양시당의 정책 입안자나, 평양시인민위원회의 물자 공급 담당자 정도만 알면 된다. 북한식 가치관으로 보면 국가 업무를 지도하고 관리하는 사람은 알아야 하지만 일반인이 평양 인구를 알 필요가 없다. 공장 노동자는 공장에서 목표량을 달성하면 되고, 농민은 할당된 토지에서 할당량을 생산하면 된다. 군인은 군복무에 충실하면 되고, 학생은 열심히 공부하면 된다. 정책 결정, 생산 관리, 생필품 공급을 국가가 모두 책임지는 사회주의 국가에서는 그렇다.

소련이 무너진 직후인 1995년, 〈유라시아 대장정〉이라는 다큐멘터리 제작진에 포함되어 러시아를 취재한 적이 있다. 시베리아 남부 하카시야 공화국Khakasiya을 지나 슈센스코예Shushenskoye라는 작은 도시에 들어갔다. 슈센스코예는 레닌이 청년 시절 유배되었던 곳이다. 분명 슈센스코예는 예니세이강Enisei River의 왼쪽에 있는데, 지도에는 오른쪽에 그려져 있었다. 안내를 담당했던 고려인 뗀의 설명으로는 소련 시대에는 일부러 지도를 틀리게 만들었다고 한다. 지도의 내용은 국가 기밀 사항이므로 국가안보를 위해서 틀린 지도를 작성한 것이다. 모든 지식 정보를 안보와 연결시키는 소련의 과도한 정보 통제 방식의 한 단면을 보여준다.

북한에서도 모든 통계는 정보이자 국가 기밀이다. 따라서 이런 내용을 굳이 알려고 하는 것은 불순한 행위다. 남측의 방문객들이 이것저것 캐묻는 것을 그들은 마뜩해하지 않는다. 가끔 친구들과 "알면 다쳐!"라고 농담을 할 때가 있다. 좀 답답하더라도 평양에서는 너무 알려고 하지 마라. 알면 다친다.

그들은 세종대왕을 모른다

"북한 사람들은 세종대왕을 잘 몰라."

"그럴 리가요."

평양에 함께 방문한 선배와 입씨름을 했다.

"한번 물어봅시다."

나는 설마 하는 마음으로 옆에 있던 리 참사에게 질문을 던졌다.

"리 참사, 한글을 누가 창제했는지 아십니까?"

듣기에 따라서는 무척 자존심이 상하는 질문이다. 그런데 리 참사가 순간 당황하는 빛을 보였다.

"그, 세종이라고 알고 있습니다."

우리는 초등학생에게 물어도 "세종대왕"이라는 말이 반사적으로 나온다. 그런데 김일성대학을 나온 리 참사가 웬일까? 정말 5천 년 역사에서 가장 위대한 인물이라는 세종대왕을 잘 모른다는 말인가?

북한소학교(초등학교) 교과목은 국어, 수학, 자연, 음악, 체육, 영어 등 13과목이다. 그 안에 〈경애하는 수령 김일성 대원수님 어린 시절〉, 〈위대한 령도자 김정일 장군님 어린 시절〉, 〈항일의 녀성 영웅 김정숙 어머님 어린 시절〉 등 이른바 '혁명력사' 세 과목이 포함되어 있다. 우리가 아는 역사 과목은 없다. 중학교 교과 과정은 국어, 수학, 물리, 화학, 음악, 체육, 외국어 등 23과목이다. 여기에도 〈위대한 수령 김일성 대원수님 혁명력사〉 등 '혁명력사' 다섯 과목이 포함되어 있다. '력사'는 중학교 들어와서 한 주에

한 시간 내지 두 시간씩 배운다. '력사' 과목의 전체 수업 시간은 '혁명력사' 수업의 절반 정도다. 일반적인 '력사' 과목보다 '혁명력사'의 비중이 월등히 높다.

고등중학교 4학년(남한의 고등학교 1학년에 해당) 교과서 《조선력사4》[28]를 살펴보자. '제3절. 15~16세기의 문화'라는 제목 아래 '1. 훈민정음의 창제'가 한 페이지 실려 있다.

"… 이리하여 당시 왕이었던 세종은 성삼문, 정인지, 신숙주 등 우수한 학자들을 학문연구기관인 집현전에 모아 놓고 새 글자를 만들기 위한 연구 사업을 하도록 하였다. 이들은 10여 년 동안의 연구 끝에 마침내 새로운 민족글자 훈민정음을 만들어 냈다"라고 설명한다. 우리 역사책에는 마르고 닳도록 나오는 세종대왕이란 단어가 고등중학교 4학년 역사책에서 딱 한 번 언급된다. 또한 '4군 6진과 대마도 정벌'에 대한 내용이 있지만, 세종대왕 시기라는 설명은 없다. 특별히 역사에 관심 있는 사람이 아니면 세종이라는 왕이 있었는지조차 알기 힘들다.

이순신 장군에 대한 평가는 어떨까? 같은 역사책 '제2장 제1절. 1592~1598 임진조국전쟁' 항목에서 기술하고 있다.[29] 1592년 임진왜란 당시의 옥포해전, 사천해전, 한산대첩, 부산포해전, 1597년 정유재란 당시의 울돌대첩(명량대첩), 노량대첩 등에 대해 여섯 페이지에 걸쳐 비교적 상세히 설명한다.

그 단락의 뒷부분에는 "리순신 장군을 비롯한 군사지휘관들은 모두 량반 지주 계급 출신이었으며, 그들이 지켜 싸운 나라도 량반 지주들의 리익을 철저히 옹호하는 봉건국가였다. 때문에 리순신 장군과 같은 옛날의 이름 있는 장군들의 애국심은 물론 좋은 것이지만, 인민이 주인된 사회주의 조국을 위해 싸운 우리 시대 영웅들의 애국심과는 거리가 먼 것이다"라고 규정한다. 역사적 업적은 인정하지만, 그리 존경할 만한 인물은 아니라고 설명한다.

우리는 세종대왕, 이순신 장군을 우상처럼 받들고 칭송하지만 북한 주민들은 잘 알지 못한다. 알고 있더라도 역사관이 달라 우리의 생각에 동의하지 않는다. 북한의 역사관에서 보면 하늘에 태양이 두 개가 아니듯이, 역사 속의 영웅은 결코 둘이 될 수 없다. 김일성 주석 탄생으로 비로소 진정한 영웅이 나타났다는 논리다. 앞에서 보듯이 '혁명력사'가 일반 '력사'에 비해 수업 시간이 길고 비중도 훨씬 높다. 심지어는 이공계 대학에서도 '혁명력사'를 비롯한 사상교육 수업이 전체 수업의 30퍼센트를 차지한다고 한다.

남한 방송사에서 북한 측에 역사 다큐멘터리의 공동 제작을 제안하는 경우가 많다. 민족 공동의 역사를 조명하면서 민족 동질성을 회복할 수 있고, 북한 측의 거부 반응이 적을 거라는 기대 때문이다. 그런데 막상 협의에 들어가면 진전이 되지 않는다. 역사관이 다르기 때문이다. 우리가 보기에는 그들의 역사의식이 편협하고 그들이 보기에는 우리의 역사 인식이 무지하다. 가장 쉽게 공감대를 이룰 수 있는 분야라고 기대하지만, 실제로는 가장 이질적인 분야가 역사다.

오래전에 남한 방송사에서 북한의 역사 드라마인 〈안중근, 이등박문을 쏘다(SBS, 1998년)〉, 〈림꺽정(KBS, 1998년)〉 등을 방영해서 큰 반향을 일으켰다. 둘 다 남북에서 인정받는 인물이고 작품성도 나쁘지 않았다.

그로부터 9년 뒤, KBS와 조선중앙TV가 야심차게 24부작 역사 드라마 〈사육신〉을 공동 제작했다. 남한이 제작비와 장비를 지원하고 북한이 제작해서 납품받는 방식이었다. 완전한 공동 제작이라고 할 수는 없지만 물리적인 난관을 극복하고 탄생한 의미 있는 프로그램이었다. 〈안중근, 이등박문을 쏘다〉나 〈림꺽정〉보다 작품성도 높다고 평가된다. 북한 최고 배우인 박성욱과 김련화를 비롯해서 당시 남한에서 인기를 끌었던 무용수 조명애가 출연했다.

하지만 흥행에서는 기대만큼의 성과를 얻지 못했다. 말투, 의상, 연기 방식 등에서 이질감이 있었고 화질, 더빙, 자막 등에서 남한 관객의 눈높이를 따라잡지 못했다. 가장 중요한 이유는 구성의 핵심인 역사 인식의 차이라고 생각된다. 역사적 사실은 관점에 따라 다양한 평가와 분석이 가능해야 한다. 그런데 드라마 〈사육신〉은 사육신과 수양대군을 선과 악의 대립 구도로 놓고 단조롭게 이야기를 전개하는 교훈적인 역사물이었다. 북한의 역사관에는 수양대군의 인간적 고뇌, 사육신의 정세 판단 오류 등 유연한 해석이 개입될 여지가 없었다. 역사를 선택하고 평가하는 권리는 오직 권위를 부여받은 최고 지도층뿐이다.

2019년, 3·1절 100주년을 맞아 추진하던 남북공동행사가 무산되었다. 3·1절 직전 북측이 '시기적으로 남북공동행사 개최를 준비하기 어렵다'라고 통보해왔다. 그런데 실제로는 북미정상회담과 3·1운동에 대한 시각 차이가 영향을 미쳤을 것으로 보인다.

북측에서는 '3·1인민봉기'라고 부르는 3·1운동이 평양 숭덕여학교에서 시작되었다고 한다. 그리고 김일성 주석의 부친인 김형직 선생이 만경대 구역과 칠골의 만세운동을 지도했으며, 어린 나이의 김일성 주석도 짚신을 벗어 쥐고 뜀박질로 만세대열을 따라갔다고 주장한다. 또한 3·1인민봉기가 나라의 독립과 자유를 위한 투쟁에서 승리하기 위해서는 반드시 위대한 수령의 올바른 령도를 받아야 한다는 심각한 교훈을 남겼다고 가르친다.[30] 남북 사이에 이견이 없을 것 같은 3·1운동의 역사 인식도 이렇게 차이가 크다. 공동행사를 열기가 어려운 이유다.

방북 중에도 역사 인식의 차이 때문에 크고 작은 소동이 일어난다. 평양 취재 때 있었던 일이다. 한 방송인이 모란봉의 을밀대에 올랐다가, 감격에 겨워서 대본에 없는 노래를 불렀다.

"한 많은 대동강아, 변함없이 잘 있느냐."

갑자기 촬영 장면을 지켜보던 북측 안내원의 인상이 일그러졌다.

"한 많은 대동강이라니요?"

"아, 고향을 그리는 남쪽 노래인데, 북에 두고 온 고향에 가지 못해서 한이 되었다는 내용입니다. 적대적인 가사가 아닙니다."

나는 서둘러 현장을 진화했다.

2004년 2월 남북 공동 학술 행사를 위해 준비 회의를 진행했는데, 웬일인지 북측이 신의주에서 만나기를 원했다. 중국 단동에서 압록강 철교를 거쳐 신의주로 들어갔다. 입국 절차가 무척 까다로웠다. 2002년 북한이 신의주를 경제특구로 개발하려다가 중국 측의 반대로 좌절되면서, 양측 사이에 긴장감이 유지되고 있었다. 열 평 남짓한 1층 슬라브 건물인 신의주 세관에서 엄격한 짐 검사를 받았다. 그래도 우리는 나은 편이었다. 내 앞에 줄을 섰던 화교인 듯한 사람은 가방을 열어서 거꾸로 탈탈 털어야 했다.

세관에서 차로 5분 거리에 있는 '압록강려관'은 우리 일행 네 명과 일본인 한 명 등 손님이 단 다섯 명이었다. 그러니 4층짜리 건물 전체에 난방을 할 필요가 없었다. 방마다 작은 전기난로를 제공했는데 영하 17도의 압록강 강바람을 막기에는 역부족이었다. 건물 자체가 거대한 냉장고 같았다. 밤새도록 떨다가 아침에 자연스럽게 로비로 모였다. 로비에는 제법 큰 전기난로가 있었고 한 여직원이 데스크를 지키고 있었다. 불을 쬐며 화기애애한 분위기가 조성되었다. 압록강 철교를 건너올 때의 긴장감과 몸에 스며든 냉기가 걷힐 때쯤이었다. 같이 간 선배가 들뜬 마음에 자신의 역사 지식을 자랑했다.

"신의주는 역사적으로 아주 중요한 곳이지요. 신의주 학생의거가 일어났지 않습니까?"

"그렇습니까? 아니 여기에서 언제 학생봉기가 일어났습니까?"

여직원이 눈을 동그랗게 뜨고 되물었다. 근처에 있던 북측의 민화협 참사도 처음 듣는 이야기라며 대화에 끼어들었다. 같이 있던 대학 교수님이 서둘러 요리로 화제를 돌렸다.

"아, 그런 이야기는 이분들이 별로 안 좋아할 내용입니다. 신의주의 대표 요리는 뭡니까?"

'신의주 학생의거'는 '신의주 반공학생의거'라고도 한다. 1945년 11월에 일어났던 신의주 학생들의 반공, 반소투쟁으로 알려져 있다. 우리 쪽에서 보면 '의거'지만, 북측에서는 '폭동'이다. 착오로 분위기를 냉랭하게 만들 뻔했다.

단군에 관한 평가도 남북 간에 차이가 크다. 나는 운 좋게 평양에서 차로 40여 분 거리에 있는 평안남도 강동군 대박산 기슭의 단군릉 안에까지 들어가 볼 수 있었다. 웅장한 돌계단 위에 조성된 높이 22미터의 돌무덤 안에는, 두 개의 유리관이 놓여 있고 그 안에 남녀의 뼈가 안치돼 있었다. 단군과 그의 부인이라고 했다. 연대 측정을 통해 5011년 전의 뼈로 밝혀졌다고 한다.

단군이 실존 인물이었으며 기원전 3000년에 이미 고대국가가 존재했고, 대동강이 '세계 5대 문명' 중 하나라는 북한 측의 주장과 연결돼 있다. 하지만 우리 역사학계는 백두혈통을 우리 역사의 핵심으로 설정하려는 북한 측의 정치적 시도라고 비판한다. '조선민족제일주의'에 입각해서 평양을 민족사의 중심지로 부각하려는 의도라는 것이다.

나는 북측의 역사 연구 성과를 폄하하거나, 남측 학자들의 지적에 이의를 제기할 의사는 전혀 없다. 단지 남과 북의 역사 인식은 너무 다르고, 역사를 지렛대로 동질감을 조성하려는 노력은 쉽지 않다는 말을 하고 싶을 뿐이다. 역사적 사실은 하나지만 역사적 인식은 너무 멀리 떨어져 있다.

영국의 역사학자인 에드워드 카Edward Hallett Carr는 "과거는 현재의 역사가들이 가지고 있는 현실 사회에 대한 문제의식에 따라 구성된다"고 주장했다. 과거의 사실 자체보다는 오늘 우리의 현실 사회에 대한 가치관과 문제의식에 따라 역사의 해석이 달라진다는 것이다. 남과 북은 70년간 다른 가치관과 사회 체계 속에서 살아왔다. 따라서 각자의 역사에 대한 해석이 다를 수밖에 없다. 지금도 많은 민간단체와 언론사들이 역사 분야 교류를 추진하고 있다. 가장 손쉬운 접근을 기대하다가 가장 어려운 길로 돌아갈 수 있음을 명심해야 할 것이다.

자존심으로 똘똘 뭉친 사람들

우리가 아는 걸 그들이 모른다고 무시하면 안 된다. 북측 사람들은 자존심으로 똘똘 뭉쳤다. 한국전쟁에서 세계 최강 미군을 물리쳤다는 자존심, 소련과 중국의 간섭을 배제하고 주체적인 자주 국가를 유지하고 있다는 자존심, 동구권의 모든 사회주의 국가가 무너졌지만 여전히 세계 유일의 사회주의 전통을 지키고 있다는 자존심 등 자존심만은 세계 제일이다. 간혹 자존심이 과해서 미국과도 전쟁해서 코를 납작하게 만들어주겠다고 호언장담하는 관리도 있다. 물론 고난의 행군기를 거치면서 많이 약화되었지만 말이다.

그들은 경제적으로는 미국의 고립 정책 때문에 어렵지만, 정신세계만은 누구도 따라올 수 없이 강하다고 자부한다. 따라서 절대로 북측 사람들의 자존심을 상하게 해서는 안 된다. 가난하다, 불쌍하다, 도와주겠다 등의 용어는 쓰지 않는 게 좋다.

북은 1984년 중부 지방 수해 당시 북에서 남에 쌀 50만 석, 시멘트, 옷감 등을 보낸 것을 남북 사이 인도 지원 사업의 기원으로 여긴다. 따라서 그 이후 남에서 북에 식량을 지원한 것은 주고받기 차원에서 한 일이지, 어느 한쪽이 일방적으로 시혜를 베풀었다고 생각하지 않는다. 우리는 민간단체의 대북 지원을 '인도 지원 사업'이라고 하지만 그들은 단지 '협력 사업'이라고 한다.

고난의 행군기에 있었던 일이다. 북한이 경제적으로 얼마나 어려웠는지는 익히 알 것이다. 그런데 회식 중에 술 취한 남측 인사가 자신의 부를 과시하면서 "앞으로도 자주 와서 도와줄 수 있는 기회를 달라"라는 요지의 말을 했다. 듣기에 따라서는 부탁하는 말 같지만 말투가 거만해서 결코 부탁으로 들리지 않았다. 급기야 듣고 있던 북측 인사가 "우리 공화국을 무시하는 발언을 하지 말라"면서 언성을 높였다.

정치적이지 않은 곳에서도 자존심은 확인된다. "남남북녀라는 말이 맞군요!" 평양에 가면 남한 남성들이 이구동성으로 하는 말이다. 환심을 사려는 의례적인 말이기도 하지만, 실제 남한 사람들이 만날 수 있는 북한 여성들은 대부분 미인이다. 모두 선발된 여성들이어서 교양 있고 외모도 출중하다.

사실 남남북녀의 어원을 찾아보면 기분이 썩 좋지는 않다. 조선시대에는 서북인들이 차별을 받아 남자들은 중앙 정계에 진출하지 못했다. 그런데 유명한 기생은 많다. 허균의 애인이었던 평양 기생 이매창이나 송도삼절이라는 개성 기생 황진이 등이다. 평양에 기생이 많았던 이유는 복잡한 사정이 있다. 평안도 지역은 변방 수비 비용이 많이 들어 세금을 중앙에 바치지 않고 자체 관리했다. 그러다 보니 뒤로 빠지는 돈이 많아서 기생이 모여들었다고 한다. 하여튼 남남북녀는 순전히 봉건적 환경에서 생겨난 이미지다. 립서비스 한답시고 "남남북녀"라고 외치면 그들은 "선생님, 북남북녀입니다"라며 정색한다. 단 반쪽만이라도 남쪽이 좋다는 말을 허용하지 않는다.

10만 명이 참여하는 아리랑 공연. 북한 사람들의 특이한 의식구조를 보여주는 상징적인 행사다.

★

북한 사람들의
의식구조
세 가지

평양에 며칠을 머무르면 예상외로 빨리 현지에 적응하는 자신을 발견한다. 정체 없는 쾌적한 도로, 넓은 녹지, 자극적이지 않은 음식, 그리고 평양 시민들의 몸에 밴 친절 속에서 긴장이 사라지고, 기억 속에 사라진 어린 시절의 추억과 조우하고 있다는 착각에 빠지기도 한다.

하지만 시간이 지날수록 뛰어넘기 어려운 심리적 장벽이 있음을 알게 된다. 그것은 국가 중심의 집단주의 체제 속에서 발전한 북한 사람들의 독특한 의식구조다. 단일민족이지만 결코 북한 사람을 이해할 수 없는 그들 특유의 정신세계가 있다. 평양 생활이 굳이 불편하지는 않지만 낯설게 느껴진다면 바로 이런 이유 때문이다.

중층적 구조 :
공식 영역과 비공식 영역의
차이

어릴 적부터 북한에 관한 영상을 보면 늘 궁금한 게 있었다. 최고 지도자가 등장할 때 인민들이 환호를 지르며 우는 모습이었다. 어린이들은 학습이나 단순 모방에 의해서도 급격한 감정 변화가 일어날 수 있다. 그런데 다 큰 어른이 순간적으로 환호를 지르며 우는 모습은 이해가 되지 않았다. 왜, 그리고 어떤 가치관을 갖고 있기 때문일까?

드디어 오랜 궁금증을 해결할 수 있는 기회가 왔다. 2000년 10월 10일 노동당창건기념식에 SBS 취재진 29명이 방북을 했다. 김일성광장에서 저녁 8시 생방송 뉴스를 진행하기 위해서였다. 10월 10일 오전, 김일성광장에서 TV로만 보던 웅장한 열병식이 진행되었다. 우리 취재 카메라 여러 대가 김일성광장에 배치되었다. 나는 북측의 배려로 인민대학습당의 주석단 바로 옆에 자리를 잡았다. 내가 앉은 테이블에는 청록색 카펫이 깔려 있었고 나와 주석단의 거리는 10여 미터에 불과했다. 그 사이에는 호위총국의 경호원이 서 있었다.

"따, 따따따, 따따따, 따따."

최고 수뇌를 상징하는 1호 팡파르가 울려 퍼지고 주석단 중앙문으로 김정일 위원장이 등장했다. 광장에 앉아 있던 수만 명의 군중이 일제히 일어서면서 환호를 질렀다.

"와!"

그 순간 믿기 어려운 광경이 펼쳐졌다. 양복과 한복을 차려입은 군중들이 모두 눈물을 흘리는 것이었다. 흡사 작은 분수처럼 눈물이 솟아났다. 만세 함성과 박수 소리, 흥분을 억누르지 못해 온몸으로 표현하는 열정과 감동의 도가니였다. 김정은 위원장이 1분 30초 정도 손을 들어 좌우에 인사를 하고 자리에 착석했다. 뒤이어 인민군의 사열이 시작되었다. 방송에서만 보던 미사일 부대와 기갑 부대도 지나갔다. 정확히 40분이 지나자 김정일 위원장이 자리에서 일어났다. 또다시 1호 팡파르가 연주되었다. 참석자들은 모두 일어서서 함성과 박수를 보냈고 다시 눈물을 흘렸다. 김정일 위원장이 주석단 문으로 퇴장하자 음악이 끝나고 참석자들은 일시에 조용해졌다. 몇몇 사람의 볼에는 눈물 자국이 선명했다.

2000년 10월 10일 김일성광장에서 직접 목격한 장면이다. 이 현상을 어떻게 설명할까? 무상 교육, 무상 의료를 실시하고 인민의 낙원을 건설한 지도자에 대한 감사의 표시인가? 무오류, 무결점의 인간으로서 자신들에게 사회정치적 생명을 부여해준 수령에 대한 절대 충성의 결의를 보여주는 것일까? 그들의 신념과 정치관은 그 세계 밖의 존재인 나에게는 하나의 미스터리 같은 일이다. 이 미스터리 같은 사건을 정확히 이해하기 위해서는 이 장면의 전후를 같이 살펴보아야 한다.

SBS 취재진은 김일성광장에 오전 8시 30분쯤 도착했다. 처음 초대된 남한 방송사여서 특별한 예우를 받았지만 행사장 입장은 매우 엄격했다.

2중, 3중의 검색대를 지나 좌석과 취재 장소를 배치받았다. 광장에는 주민들이 인솔자 지휘 아래 이미 도열해 있었다. 여성들은 모두 한복을 입었고, 남성들은 정장을 입고 가슴에 훈장을 달고 나왔다. 붉은 글씨의 구호와 붉은 깃발, 그리고 광장을 에워싼 제복의 군인들 사이에서 참석자들은 행사가 시작되기도 전에 엄청난 역사적 이벤트에 참여하고 있다는 엄숙함에 젖어 있었다.

도열한 주민들은 구역별로 참석하는 듯했다. 종종 인솔자가 뒤에 있는 사람을 앞으로 나오라고 해서 순서를 바꾸기도 했다. 잠시 후 스피커를 통해서 자리에 앉으라는 지시가 떨어졌다. 참석자들은 조용히 앉았다. 이어서 인민대학습당 옥상 위에 올라가 있는 기수가 큰 깃발을 좌우로 흔들자, 동시에 1호 팡파르 소리가 흘러나오고 자리에 앉아 있던 사람들이 일어나서 함성을 질렀다. 같은 동작이 여러 번 반복되었다. 이미 경험이 많은 듯 참석자들은 일사불란하게 움직였다. 실제 행사가 시작되자, 그들은 연습한 대로 행동했다. 훈련의 효과가 극대화된 듯 보였다. 단지 차이라면 실제 김정일 위원장이 등장했을 때 눈물을 흘리는 모습이었다. 연습 때는 눈물을 아껴두었다가, 실전에서는 아낌없이 쏟아내었다.

현장에 같이 있던 동료 기자는 그 모습을 군중심리로 규정했다. 집단 구성원의 상호 자극 작용으로 감정의 상승이 일어난다는 뜻이었다. 하지만 내가 보기에는 단지 군중심리로만 해석될 수는 없었다. 그들은 진실로 감격했고, 주석단을 향해서 가슴 깊이 우러나오는 존경의 마음을 보냈다. 그들의 함성과 눈물은 결코 연기가 아니었다. 그들은 사회주의 대가정의 구성원으로서 긍지와 자부심을 가지고 당 창건 행사를 축하하는 것처럼 보였다.

하지만 그들의 눈물만은 도저히 이해할 수 없었다. 인간의 감정은 외부의 자극에 따라 서서히 끓어오르고, 또 서서히 식는다. 1호 팡파르 소리와 함께 김정일 위원장이 등장하자 군중들은 일시에 눈물을 흘리기 시작했다. 마치 눈물 병을 들고 있다가 신호와 함께 아낌없이 쏟아붓는 느낌이었다. 또한 김정일 위원장이 자리에 앉고, 정지 신호를 보내자 일시에 눈물과 함성이 그쳤다. 마치 콸콸 흐르던 수도꼭지가 잠기는 것 같았다.

눈물도 조절이 가능한 것일까? 어떻게 갑자기 눈물이 솟아오르고, 갑자기 그칠 수 있을까? 북측 주민들은 감정 조절의 달인일까? 의식구조의 전환이 순간적으로 이루어지고. 완전히 다른 의식세계를 순식간에 왕복했다. 그들은 매우 능숙하게 공식 영역과 비공식 영역을 오가면서 살고 있었다.

해답은 바로 여기에 있다. 북한 사회 전반에 걸쳐 형성된 '중층적 구조' 때문이다. 평소 북한 사람들은 세계 어느 나라보다 보수적이고 전통적인 가치관을 고수하고 있다. 외향적이고 영웅주의적인 남성상과 가정적이고 순종적인 여성상을 미덕으로 여긴다. 경로 사상, 가족 중심의 공동체 의식도 여전하다. 그런데 공식 영역으로 옮겨가면 완전히 다른 의식세계가 펼쳐진다.[31]

현실 속에서 유격대식 삶을 실현하고, 화려한 의례와 공연 속에서 직접 연기하는 배우와 일체가 되고, 사회정치적 생명체 속에서 스스로 정형화되고 기계화된 인간으로 변신한다. 북한은 세계 어느 곳보다도 공식 영역과 비공식 영역의 간극이 크다. 주민들은 완전히 다른 의식세계를 매우 익숙하게 오가면서 생활한다. 오랜 경험을 통해서 터득한 그들만의 생존 비법이다.

북한 주민의 의식세계에는 다양한 중층성이 존재한다. 국가관의 중층성, 경제 의식의 중층성, 도덕관념의 중층성 등이다. 북한 주민들은 애국심이 강하고 공동체주의를 지향한다. 그런데 경험한 바로는 또한 개인주의가 강하고 횡적 연대의식이 약하다. 북한 이탈주민들 말에 따르면 공중도덕은 북한 사람보다 남한 사람이 훨씬 잘 지킨다고 한다.

경제활동에서는 다양한 중층성이 나타난다. 북한은 공식적으로는 상품 거래를 할 수 없다. 그러나 모든 생필품을 시장을 통해서 구입하고, 주민의 70~90퍼센트가 시장을 통해서 생계를 유지한다. 시장이 합법화되었다고는 하지만, 언제든지 국가가 단속하고 폐쇄할 수 있다. 국가 소유인 집을 매매해서는 안 된다. 하지만 실제로는 대부분의 아파트와 단독주택을 사고판다.

택시 기본요금은 2킬로미터에 98원이다. 하지만 실제로 98원을 내는 사람은 없다. 98원을 공식 환율로 계산한 1달러를 내야 한다. 1달러는 대략 북한 돈 8,400원이다. 북한의 공식화폐는 중앙은행에서 발행한 조선민주주의인민공화국 중앙은행권이다. 그런데 대부분의 시장에서는 중국 위안화와 달러가 더 많이 사용된다.

1970년대 초 북한은 공식적으로 세금을 없앴다. 하지만 시장에서는

'장세'라는 사용료를 거둔다. 무상 교육 제도여서 교육비를 내지 않는다고 하지만 대학을 다니는 데 만만찮은 비용이 든다. 역시 무상 의료여서 의료비가 무료라고 하지만, 온전한 혜택을 받는 사람은 극소수에 불과하다. 대부분의 사람들은 약국이나 장마당에서 직접 약을 구입해야 한다.

베이징에서 북측 관리를 처음 만난 동료가 김일성 배지에 관심이 많았다. 서울에 돌아갈 때 기념으로 하나 가지고 가고 싶다고 했다. 마침 북측 관리가 달고 있던 배지를 손가락으로 만지면서 이것 좀 살 수 있느냐고 물었다. 그때 정말 난리가 났다. 어디 수령님 초상 휘장을 그렇게 버릇없이 모시느냐는 것이었다. 수령님 초상은 두 손으로 공손하게 모셔야 한다며 시범을 보여주었다. 동료는 그가 가르치는 대로 공손하게 두 손을 모아 배지를 가리키면서 다시 물었다.

"수령님 초상 휘장은 어디서 살 수 있습니까?"

북측 관리는 매우 엄숙한 표정을 하고는 훈계조로 말했다.

"수령님 초상 휘장은 인민들이 수령님의 가르침을 평소에도 늘 가슴에 담고 있다는 뜻입니다. 우리의 생명과 같은 것을 어떻게 돈으로 사고팔 수 있습니까?"

언젠가 러시아의 시골 역에서 열차에서 내리는 북한 사람을 만났다. 배지를 달고 있어서 금방 알아봤다. 반가운 마음에 인사를 했다. 그는 마지못해 인사를 받더니 돌아서서 배지를 뗐다. 내가 인사하는 것뿐 아니라 러시아 사람들이 알아보는 것도 부담스러웠던 모양이다.

금강산에 갔을 때였다. 젊은 안내원(금강산에서는 공식적으로 산림감시원이라고 했다)이 여성 안내원에게 관심을 보였다. 하루 종일 관광을 하면서 그와 좀 친해졌다. 그래서 북에서는 남녀가 결혼 전에 마음에 들면 어디에서 사랑을 나누냐고 물어봤다. 그랬더니 그가 불같이 화를 내면서 쏘아붙였다.

"선생님, 무슨 짐승만도 못한 말씀을 하십니까? 우리 공화국에서는 그딴 짓 안 합니다."

그런데 평양에서 방송 제작으로 만난 촬영기자가 있었다. 그에게 북한에서도 남녀가 결혼 전에 관계를 갖는 경우가 있느냐고 물었다. 솔직한 답변을 기대하지 않았지만 예상외로 진지하게 대답해줬다.

"있습니다. 여름에는 강변이나 숲 같은 데 가지만, 겨울에는 주로 집에 갑니다. 어른은 모두 직장에 나가고 아이들은 학교나 탁아소에 가서 낮에는 대부분 집이 비어 있습니다."

북한에서는 모든 게 중층적이다. 어느 사회에나 있는 이상과 현실의 괴리일 수 있다. 하지만 북한에서는 그 괴리가 너무 크다. 외세로부터 체제를 지키기 위해 일상화된 준전시 구조, 권위적인 통치 체제, 엄격한 법체계, 상시화된 국제사회의 대북 제재로 인한 경제적 어려움 등 여러 가지 조건이 북한의 중층성을 강화해왔다. 북한 주민들은 상황에 따라 괴리의 양극단을 왔다 갔다 하면서 요령껏 그 중간인 회색 지대gray zone에 살고 있다. 그래서 북한에서는 생존 자체가 비법(불법)이라고들 한다.

북한 사람을 만나면 이 사람이 공식 영역에서 나를 만나고 있는지, 아니면 비공식 영역에서 만나고 있는지를 파악해야 한다. 사고의 영역에 따라 생각하지 못한 행동을 할 수 있기 때문이다. 그의 심리 상태를 파악해 탄력성 있게 대응해야 나도 편하고 그도 편하다.

수직적 구조 : 오직 위아래만 있다

"오 선생, 이번에는 우리한테 제기한 사업만 협의합시다. 다른 사업은 다음번에 다시 와서 협의하시오."

"평양에 오기가 얼마나 어려운지 아시잖습니까? 조선아태 분들도 좀 만나게 해주십시오."

나는 평양을 방문한 김에, 여러 가지 사업을 논의할 계획이었다. 그래서 공연 협의 담당부서인 민화협의 사람들뿐 아니라, 학술회의 개최와 관련해서 조선아태 사람들도 만나보고 싶었다.

"아, 우리도 그러고 싶지만 이번 방문 목적은 분명히 공연 협의 아니오? 다른 사업은 다시 제기해서 방문하시오."

민화협 리 부장의 태도는 단호했다. 그가 허락하지 않는 한 호텔 밖을 나갈 수도, 누구를 만날 수도 없었다. 오랜만에 평양에 간다고 해서, 그동안 진행되지 못했던 대북 사업 서류를 다 챙겼다. 심지어 다른 단체의 부탁까지 들고 왔다. 하지만 허용된 업무는 오직 방북 목적에 기재된 '공연

협의'에만 한정되어 있었다.

민화협과 조선아태는 같은 통일전선부 소속이지만 다른 조직의 업무에는 전혀 관여하지 않는다. 아예 관심이 없다. 집단주의에 기초한 '사회주의 대가정' 북한 사회에서 대남 사업만은 왜 개인주의와 핵가족주의가 만연한가?

대남 사업만 그런 것 같지는 않다. 언젠가 김일성광장을 지나고 있을 때였다. 마침 행사 준비를 위해 주민들이 75000제곱미터나 되는 광장 바닥에 물과 가루비누를 뿌리며 일일이 손으로 닦고 있었다. 절반은 서서 구경하고 절반은 일을 했다. 서 있는 사람들은 대부분 담배를 피우는 남자들이었고 고개를 숙이고 일하는 사람들은 대부분 여자들이었다. 날씨가 쌀쌀했다. 고무장갑도 끼지 않은 맨손이었다. 스피커로는 쉴 새 없이 독려 멘트가 흘러나왔다.

"네 구역, 내 구역 구별 말고 서로 도와서 빨리빨리 닦읍시다."

자세히 보니 광장을 구역별로 잘게 나누어서 청소를 하고 있었다. 자신의 구역을 먼저 청소한 사람들이, 일이 더딘 옆 구역 사람들을 도와주지 않는 모양이었다. 자발적인 노동 참여와 혁명 열기로 '고난의 행군기'를 극복한 그 뜨거운 열정이 벌써 다 식었다는 건가?

2013년의 방북 경험에서도 비슷한 생각이 들었다. 비록 6년 만의 방북이었다고는 하지만 그들은 나의 과거 방북 경력을 전혀 모르고 있었다. 물론 그 사이 북한 사회도 많은 변화가 있었다. 대남 사업 부서의 일꾼들도 많이 바뀌었다. 그렇지만 남한 피디로서는 첫 방북자였고 대형 프로그램을 여러 차례 제작한 담당자였다. 공항에서 VIP 통로를 이용했고, 방북 기간 내내 운전기사가 있는 전용 자동차가 제공되는 경우도 있었다. 대단한 인사는 아니었지만, 나름 북한의 대남 부서에는 잘 알려진 대북 사업가였다는 이야기다. 방북자에 대한 기록이 보관되어 있고 그 정보를 타 부서와 공유한다면 쉽게 알 수 있었을 것이다. 그런데 내가 직접 말하기 전까지 그들은 나에 대한 정보가 전혀 없었다.

한 가지 사례를 더 보자. 2004년 2월 말 평양에서 열린 '일본해의 부당성에 관한 남북토론회'에 참석했다가, 남한의 역사학자들과 평양 외곽의 덕흥리고분을 방문했다. 덕흥리고분은 중국 베이징 부근에 있었던 유주 지역의 지방 장관이었던 '진'이라는 사람의 무덤이다. 고구려 사람이 현재 중국의 수도권 지역을 다스렸다는 중요한 역사적 증거와 당시 생활상을 생생하게 보여주는 사실적인 벽화 때문에 매우 귀중한 유적으로 평가된다.

우리는 조선아태와 덕흥리고분 안을 촬영하기로 합의했다. 교과서로만 접했던 고구려 벽화를 직접 볼 수 있다는 기대 때문에 출발 전부터 다소 들떠 있었다. 30여 명의 남한 역사학자들이 무덤을 살펴보고 나온 뒤 취재팀의 차례가 되었다. 카메라 기자를 앞세우고 높이가 1미터 남짓한 좁은 터널로 들어가려고 할 때였다. '무덤 관리'라는 완장을 두른 관리인이 갑자기 우리 앞을 가로막았다.

"상부로부터 촬영해도 좋다는 사실을 통보받은 바가 없습니다."

"아니, 우리는 중앙당의 조선아태에서 허가를 받았습니다."

"저는 모르는 일입니다."

남이든 북이든 완장을 차면 힘이 센 모양이다. 입구에서 저지당한 우리는 조선아태 박 참사를 찾았다. 소식을 듣고 서둘러 달려온 그에게 항의했다.

"박 참사, 이거 어떻게 된 겁니까? 촬영해도 좋다고 분명히 합의하지 않았습니까?"

박 참사가 곤란한 표정을 짓더니 관리인에게 소리쳤다.

"거기 왜 막아서고 있어? 당장 비키라!"

박 참사의 고함에도 카키색 인민모를 쓴 50대 중반의 사나이는 시선을 딴 데로 둔 채 꿈적도 하지 않았다.

"우리는 통보받은 사실 없습니다."

체면을 구긴 박 참사는 얼굴이 벌겋게 달아올랐다. 그 역시 시선을 딴 데로 둔 채 우리에게 한마디를 내뱉었다.

"오 선생이 알아서 해결하시오."

그는 역사학자들을 안내해야 한다면서 황급히 길 건너 강서대묘 쪽으로 사라졌다. 우리는 양팔을 벌리고 무덤 입구를 가로막고 있는 묘지기를 앞에 두고 무척 난감했다.

"그래, 우리 한번 토론해봅시다. 민족의 자랑인 덕흥리고분을 찍어서 남녘 동포들에게 보여주려고 서울에서 저 무거운 록상기(카메라)를 들고 여기까지 왔습니다. 이제 와서 막으면 어떡한단 말입니까?"

"그럼 돈을 내야지요."

"돈은 조선아태에 다 냈습니다."

"우리는 받은 바 없습니다."

"얼마를 내야 됩니까?"

"한 100달러는 내야 됩니다."

그나마 다행이었다. 안도의 한숨을 내쉬고 있는데, 걱정이 되었는지 박 참사가 되돌아왔다.

"100달러는 무슨 100달러야? 50달러만 받아!"

박 참사의 호통에도 그는 아랑곳하지 않았다.

"시간이 얼마나 걸립니까?"

"5분이면 됩니다."

내가 재빨리 대답했다.

"시간 지켜야 됩니다."

액수가 적다고 투덜거리는 무덤 관리인과 50달러에 타협을 보았다. 무덤 통로의 높이는 1미터 정도지만 폭은 70~80센티미터 정도로 좁았다. 카메라맨을 비롯한 우리 네 명은 허리를 굽힌 채 기듯이 안으로 들어 갔다. 전실과 후실로 나누어진 두 개의 방이 있고 사방의 벽화에는 고구려인의 생활상이 빽빽하게 묘사되어 있었다. 마치 1600년 전의 사람들이 말을 거는 듯 표정까지 생생했다. 유적 보호를 위해서 벽은 유리로 차단되어 있었다.

좁은 공간에 네 사람이 들어가니 숨이 꽉 막혔다. 카메라를 돌리기가 어려울 정도의 공간이었다. 우리는 눕지도 앉지도 못한 엉거주춤한 자세로 촬영을 했다. 유리로 덮은 벽 안에는 습기가 서려 물이 뚝뚝 흘렀다. 한 모서리라도 놓치면 무덤의 주인공이 야단을 칠 것 같아서 열심히 카메라로 찍었다.

잠시 뒤 무덤 관리인이 몸을 숙이고 우리 사이를 비집고 들어왔다.

"선생님, 시간이 다 됐습니다."

"네, 벌써요? 통로가 좁아서 자리 잡는 데만 거의 5분 걸렸습니다."

"50달러는 더 내셔야 됩니다."

그는 나의 대답에는 아랑곳없이 돈 이야기만 했다. 나는 바닥에 누운 채로 50달러를 더 지불했다. 그는 빨리 나오라면서 몸을 구부려 뒷걸음으로 무덤을 나갔다. 평양 시내에서 차로 한 시간도 걸리지 않는 가까운 거리의 유적이지만 중앙당과 지방 부서 간의 협조는 전혀 되지 않았다.

북한에서 조선아태는 당 소속 기관이다. 대남 사업을 하는 특수 부서에서 '참사'는 꽤 고급 직책이다. 이런 고급 공무원의 말발이 하급관리인 '능지기'에게 전혀 먹히지 않는다. 특히 고난의 행군기를 거치면서 불협화음이 더 강해진 것으로 보인다. 중앙의 지원이 끊어지고 자력갱생으로 조직을 살려야 하는 절박한 상황에서 횡적 연대의식은 더 이상 존재하기 어려웠다. 심지어 남한의 손님 앞에서도 협동 정신의 미덕을 보여줄 수 없게 된 것이다.

어쩌면 조직 간의 유기적 협업 정신은 애당초 생성되기 힘들었을지도 모른다. 강력한 중앙집권적 통치 체제는 필연적으로 수뇌부에 대한 과도한 충성을 요구한다. 즉, 상부의 인정을 받기 위한 충성 경쟁은 상하 간

수직적 결속력은 강화시키지만, 조직과 개인 간의 수평적 협업 정신은 약화시킬 수밖에 없다. 강력한 상하결속력과 느슨한 횡적 연대, 북한 조직 구조의 또 하나의 특징이다.

방어적 구조 : 가능한 한 시끄러운 일을 만들지 않는다

공연 준비를 위해 평양을 방문했을 때였다. 저녁 식사를 마치고 무대 디자인 감독과 보통강려관 지하의 카페에서 차를 마시고 있었다. 손님은 우리 둘과 재일교포인 듯한 사람 둘, 그리고 남한 S그룹에서 온 직원 네 명이었다. 고려호텔과 달리 보통강려관은 정원을 끼고 있어서 산책이 가능하다. 하지만 날씨가 쌀쌀해서 밥 먹고 나서는 늘 카페에만 내려와 있었다.

그런데 S그룹에서 온 사람들 좌석이 시끄러워지더니 갑자기 쨍그랑 소리가 났다. 술잔이 깨지는 소리였다. 몇 마디 욕이 들리더니 또 술잔 깨지는 소리가 들렸다. 잠시 후 술잔이 또 깨졌다. 술잔 소리를 똑똑히 기억하는 이유는 그 카페의 의례원들이 집기와 그릇을 매우 소중히 다루었기 때문이다. 당시 경제가 어려운 상황이어서 작은 종지 하나도 보물처럼 다

루고 있었다. 그런데 술잔이 세 개나 깨졌으니 의례원들이 엄한 문책을 당하지 않을까 하는 걱정이 들었다.

돌아보니 S그룹의 일행 중 대표격인 사람이 취해서 주사를 부리고 있었다. 아무리 취했어도 서울도 아닌 평양에서 기물까지 깨뜨리면서 주사를 부리는 남한 사람은 처음 보았다. 재일교포 손님들은 자리를 피하고 놀란 의례원들은 눈을 동그랗게 뜨고 쳐다만 봤다. 같은 남한 사람이라는 책임감 때문에 우리가 나섰다. 일부러 북한 의례원 들으라는 듯이 "평양 와서는 행동을 조심해야지, 같은 민족 앞에서 무슨 부끄러운 일이냐" 하고 타일렀다. 그랬더니 웬걸, 그중 한 사람이 욕을 하면서 덤볐다. 시끄러운 소리를 듣고 들어온 SBS 기자가 말리려고 하자 상대는 주먹까지 휘둘렀다. 한참 소동이 지난 뒤 그 그룹의 안내를 담당했던 조선아태의 참사 두 명이 뛰어왔다. 술이 심하게 취한 그 직원은 동료의 부축을 받아 객실로 들어가고, 나머지 두 사람은 차렷 자세로 벽에 붙어 서서 참사에게 야단을 맞았다.

"유명 그룹 시찰단, 평양 시내 호텔에서 주취난동! 술잔 던지고 손님들에게 폭력 행사!"

기사화되었으면 특종감이었다. 특히 술 취해서 그들이 내뱉은 말이 가히 가관이었다.

"우리 S그룹한테 SBS가 뭔데 잔소리야? ×도 아닌 놈들이 말이야!"

안하무인이었다. 남북 경제 교류도 남한 기업의 이런 우월적 인식으로 진행된다면 걱정될 정도였다. 돈 많은 남한 기업은 북한에 가서 막 나가도 된다는 태도로 보였다.

다음 날 술이 깬 뒤, 그들은 보통강려관 카페에 술잔 값을 지불했다고 들었다. 그런데 나에게는 직접 사과하지 않았다. 본인들의 잘못을 시인하면 오히려 문제가 커진다는 우려를 했을 수도 있다. 사실 딱 잡아떼면 증거는 없었다. 평양까지 가서 조사할 수도 없는 노릇이기 때문이다.

거의 두 달이 지난 뒤 그 그룹의 이사로부터 사과 전화를 받았다. 그것도 SBS 출입기자가 항의를 한 뒤 받은 전화였다. 엎드려 절 받기였지만, 우리도 더 이상 문제 삼지 않았다. 조그만 구실이라도 있으면 남북 관계를 파탄 내려는 사람들이 많아서 자칫 잘못 거론하면 그 그룹뿐 아니라 우리에게도 불똥이 튈 수 있기 때문이었다.

그런데 의외였던 건 북한 내 사건 처리 과정이었다. 북한 언론에 보도되지 않더라도 앞으로 방북하는 남한 사람들에게 경고하는 차원에서 상징적인 제재가 있을 것으로 기대했다. 그런데 그날의 소동은 카페 안에 있던 사람들과 조선아태 참사 두 명밖에 몰랐다. 참사들이 입단속을 했음이 분명하다.

북한에서는 사회질서 유지를 위해서 연대책임을 묻는 경우가 많다. 형법 규정에도 정치적 해석을 할 수 있는 모호한 규정이 많다.[32] 자칫 잘못하면 큰 화를 입고 불똥이 튈 수도 있다. 따라서 사건이 발생하면 가능한 한 법적으로 가지 않고 인간적으로 처리하는 방식을 선호한다. 조선아태 참사는 재발 방지를 위해 사건을 확대하기보다는 사건을 무마하는 쪽을 택했다.

얼마 전, 북한 출신 관리 한 사람이 남한으로 오기 위해서 배를 한 척 마련했다. 오랜 시도 끝에 항구에 준비한 배에 탔다가 출항 직전 안전원에 체포되었다. 절망에 빠진 그는 자살하기 위해서 준비한 극약을 먹으려다 제지를 당했다. 어차피 살아남기 어렵다면 고통을 당하기 전에 스스로 목숨을 끊는 것이 낫다는 생각이었다. 그런데 기적 같은 일이 일어났다. 안전원은 두 시간 정도 조사를 하다가 그냥 풀어주었다. 상부에서 알면 경비를 소홀히 한 책임을 물을 것이 자명하고, 결국 자신들도 안전하지 못하기 때문이다.

북한처럼 엄격한 사회에서도 개인은 자신을 지키기 위해 나름대로의 방어 시스템을 구축한다. 구설수에 오를 일을 만들지 않고 일이 일어나면 조용히 처리하는 방식이다. 비단 나쁜 일에만 한정된 것은 아니다. 좋은 일도 조용히 진행하는 것이 위험 부담을 줄이는 길이다.

대북 사업자들 가운데 요란한 언론 플레이를 하는 사람들이 많다. 남의 시선을 끌어서 유무형의 득을 보려는 의도다. 하지만 북측은 언론 플레이를 무척 싫어한다. 특히 합의되지 않은 일을 공표하는 것을 극도로 싫어한다. 나쁜 일은 조용히 처리하고 좋은 일도 남의 눈에 띄지 않게 조용히 처리하길 원한다. 그들은 시끄러운 일을 가능한 한 만들지 않는다.

불국사 다보탑과 석가탑의 전설

북한 고등중학교 교과서에는 경주 불국사의 다보탑과 석가탑을 한 단원에서 설명한다. 여성적인 모습의 다보탑은 4층으로 되어 있고 높이가 10미터라는 것, 남성적인 모습의 석가탑은 3층으로 되어 있고 높이가 8미터라고 소개하고 있다. 나머지 부분은 무영탑에 얽힌 전설이다.

"백제 익산 미륵사탑을 세운 석공의 아들이 불국사 중들에게 끌려간다. 3년 만에 돌아온다는 남편을 기다리다 못해 10년 되던 해에 아내가 남편을 찾아 서라벌로 갔다. 하지만 남편을 만나지 못하고 불국사 중이 일러준 대로 연못에 갔더니, 남편이 만드는 4층탑이 비쳤다. 아내는 탑 그림자를 보고 연못에 빠져 죽었다. 그 후 연못에는 탑의 그림자가 보이지 않게 되어 무영탑(그림자 없는 탑)이라고 부른다."

역사 교과서에서 '전설'을 두 페이지 이상 소개하면서 전설이라는 사실을 밝히지 않았다는 것이 특이하다. 무영탑의 전설은 사실 1938년 발표된 현진건의 소설 《무영탑》 이전에는 어떤 기록에도 나타나지 않은 것으로 알려져 있다. 현진건의 소설이 최초의 유포자인 셈이다. 그런데 북한 교과서에 어떤 근거로 무영탑의 전설이 실렸는지 확실하지 않다. 역사 교과서의 기술 방식이 '이야기체'여서, 역사에 대한 학생들의 흥미를 유발하기 위해 일부러 전설을 끌어들였을 가능성이 있다. 무엇보다 북한의 역사학자들이 경주를 직접 방문할 수 없는 현실적 제약이 교과서 기술에 영향을 미쳤을 것으로 보인다. 전면적인 자유 왕래는 아니더라도 학술적인 목적을 위해 전문가 집단의 한시적인 상호 방문이라도 실현되어야 할 것 같다. 단절이 계속된다면 상대방에 대한 근거 없는 전설이 더 많이 만들어지지 않을까 하는 우려가 든다.

평양 민속공원의 다보탑, 석가탑, 황룡사구층탑 모형.

평양 실전 매뉴얼

북한 사람과 거래하는 법

북한과 경제협력이 이루어지면, 우리 경제가 활력을 찾고 남북한과 동아시아에 평화와 번영의 경제 질서가 창출된다. 그래서 '통일은 대박'이라고 했던가? 북한에는 마그네사이트와 텅스텐 등 2,100조 원이 넘는 지하자원이 묻혀 있다고 한다. 그야말로 노다지다. 이걸 눈앞에 두고 망설일 시간은 없다. 마음만 급해진다. 늦으면 누가 다 낚아채갈 것 같다. 주변을 돌아보니 웬 대북 전문가는 그렇게나 많은지. 다른 사람이 나서면 불편하다. 시기도 하고 질투도 한다. 나 빼고 모두가 사기꾼 같다. 은밀히 접촉하고 과감한 배팅도 해본다. 서울-베이징-평양을 넘나들다 보니 마치 영화 주인공이 된 것 같은 착각에 빠지기도 한다. 하지만 정신 차리자. 이익이 있는 곳에는 죽은 귀신도 냄새를 맡는다. 큰 행운은 나에게만 오지 않는다. 남북한 간의 거래 현장에는 남북의 귀신이 다 덤벼든다. 어, 하다가 훅, 갈 수도 있다. 북한과 거래하는 데 진짜 필요한 실전 매뉴얼을 살펴보자.

빠지기 쉬운
함정
세 가지

'최초'의 함정

누구나 최초라는 타이틀을 얻고 싶어 한다. 히말라야 등반대처럼 '최초'를 위해 목숨을 거는 사람도 있다. 언론인들도 최초를 좋아한다. 개인적 공명심과 공적 사명감이 뒤섞인 독특한 정서다. 유독 남북 언론 교류에 최초라는 수식어가 많이 붙는다. 신문보다는, 시간 경쟁이 치열한 방송에서 '최초'가 많이 등장한다.

- 1997년 12월 중앙일보 <북한 문화유산> 분단 후 최초 취재
- 1999년 12월 SBS <평화친선음악회> 최초 방북 대중 공연

- 1999년 12월 SBS <조경철 박사의 52년 만의 귀향> 방송사 최초 공식 취재

- 1999년 12월 MBC <민족통일음악회> 방송 사상 최초 위성 통신으로 남한 송출

- 2000년 8월 <KBS교향악단-조선국립교향악단> 최초 남북 합동 연주회

- 2000년 9월 KBS <백두에서 한라까지> 최초 남북한 공동 제작 3원 생방송

- 2000년 10월 SBS <평양 뉴스 2000> 최초 평양 생방송 뉴스

- 2001년 4월 MBC <평양 10박 11일> 최초 여기자 평양 리포트

- 2002년 1월 KBS 드라마 <제국의 아침> 최초 평양 및 백두산 촬영

- 2002년 9월 <KBS교향악단-조선국립교향악단 합동 연주회> 최초 남북 동시 생방송

- 2002년 9월 MBC <오! 통일코리아> 최초 남한 공연 북한 생방송

- 2002년 11월 KBS <세계문화유산 한반도의 고인돌> 최초 남북 공동 답사

- 2005년 3월 MBC <개마고원의 야생동물> 최초 남북 다큐멘터리 공동 제작

- 2007년 8월 KBS <사육신> 최초 남북 합작 드라마

대표적인 '최초' 취재와 방송만 추린 것이다. 이 밖에도 최초라는 수식어를 붙일 수 있는 기사나 프로그램은 무수히 많다. 'news'라는 단어가 'new things(새로운 것들)'라는 뜻을 가진 프랑스 고어 'noveles'에서 왔다는 것을 볼 때 언론인들의 최초 경쟁은 숙명인 듯하다.

분단 시대를 마감하고 통일 시대를 앞당겨야 한다. 그야말로 언론인으로서의 사명감이 요구되는 시대다. 그래서 남들보다 먼저 만나고, 남들이 하지 않는 새로운 프로그램을 만들려고 한다. 최초로 방북하고, 최초로 촬영하고, 최초로 공동 제작하고, 최초로 남한에 송출한다.

남한 방송사 제작진이 최초로 육로 방북한 2003년, 류경정주영체육관 개관 기념 공연.

공명심이 작용하는 경우도 많다. 지금 보면 비슷한 취재나 프로그램을 제작하면서도 굳이 최초의 타이틀을 왜 붙였나 싶은 것도 적지 않다. 방점을 어디에 두느냐에 따라 어떤 내용이든 최초가 될 수 있다. 그래도 냉전 이데올로기의 그림자가 여전히 언론 활동을 제약하던 시기에는 북한 측과 접촉하려면 위법을 감내해야 했고, 사업을 진행하려면 편법을 동원하지 않을 수 없었다. 따라서 남북 관계에서 '최초'란 이데올로기의 편견을 깨뜨리는 과정일 뿐 아니라, 평화의 계단을 하나씩 쌓아가는 역사적 작업이었다고 평가할 수 있다. 명분도 중요한 시절이었다.

이제 단절되었던 남북 관계가 이어지면서 언론사들의 경쟁이 다시 치열해졌다. 평양지국 개설과 북한의 주요 인사 인터뷰 등에 공을 들이는 모양새다. 인기 프로그램들도 북한 현지 제작 가능성을 다투어 알아보고 있다. 북한 측이 이런 경쟁적 요구를 다 수용할 수 있을지 미지수다.

과거 방북 제작 경험에 비추어보면, 북한 현지 취재나 현지 프로그램 제작의 범위는 매우 제한적이다. 맞다, 아니다를 떠나 북한의 현실이 우리의 다양한 제안이나 요구를 수용하기가 힘들다. 앞으로도 크게 다르지 않을 것 같다. 개인적 경험으로 1999년 〈조경철 박사의 52년 만의 귀향〉 다큐멘터리 제작, 2000년 SBS 〈평양 뉴스 2000〉 취재 때가 가장 제약이 적었다.

1999년 〈조경철 박사의 52년 만의 귀향〉을 제작할 때는 조경철 박사 형제의 상봉과 이별 장면을 아무 제약 없이 촬영했다. 조선예술영화촬영소에 가서 임꺽정의 주연 배우이자 북한 최고의 배우인 김창수를 인터뷰하기도 했다. 사전 대본 없이 인기 배우로서의 보람과 애로 사항을 가감 없이 취재했다. 2000년 〈평양 뉴스 2000〉 때는 수해 현장, 남한 지원 식량의 남포항 하역 현장, 당시 민통선의 개성공단 개발 예정지 등을 취재했다.

　지금 평양에는 서방 언론인 AP통신과 AFP통신의 평양지국이 개설되어 있다. 교토통신, 신화통신, 인민일보, 이타르타스통신도 지국을 내고 활동 중이다. 서방 언론 최초로 평양에 지국을 개설한 AP통신에서는 북한인 취재 기자와 사진 기자를 한 명씩 채용했다고 한다. 지국장이 있지만 상주할 수는 없고 북한 기자들이 취재한 기사와 촬영한 사진을 북한 당국이 검열한 이후 송고하는 방식이라고 한다. 다른 언론사들도 서방 세계의 언론관에 따른 자유로운 취재 활동은 불가능하다. 여건이 되었다면 북한에서의 모든 '최초' 특종은 이들이 이미 달성했을 것이다.

　다양한 분야에서 최초로 사업을 진행하겠다는 사람들이 있다. 하지만 넘어야 할 산이 많다. 대북 송금 절차의 투명성 확보, 과실 송금의 보장, 북측의 계약 불이행 시 구제 방안 등이 선행되어야 한다. 교류가 진행되면 수많은 시행착오가 발생할 것이다. 선구자로 나서는 보람도 있지만, 모험에 따른 부담도 클 것으로 보인다. 이제는 남북 관계의 실질적 개선을 위해서 무엇을 할 것인가를 고민할 때가 된 것 같다. 최초의 함정에 빠지기보다 최후의 승자가 되길 권한다.

성과주의와 비밀주의의 함정

대북 사업에 뛰어드는 사람들이 많아지면서 경쟁도 치열해졌다. 항상 위험이 뒤따르고 실패 확률이 높아서 제대로 성공만 하면 대단한 일이다. 언론의 조명도 받는다. 대북 사업은 휴전선 이북뿐 아니라 이남에서도 경쟁이 치열하다. 회사 간 경쟁만 아니라 같은 조직 내부에서도 경쟁한다.

이렇게 한 건을 성공시키려는 성과주의에 집착하다 보면 비밀주의에 빠진다. 타인의 조언이나 협조를 구하지 않고 나 혼자서 하려고 한다. 절차도 무시한다. 퍼주기 논란도 단순히 정치적 논쟁의 산물만은 아니다. 이런 성과주의의 폐해일 수 있다. 한 건 제대로 성공시키려다 보니 마음이 조급해지고 과한 비용을 지급하는 것이다.

그런데 검증된 절차를 무시하는 사람들의 공통점은 북의 최고 권력자 혹은 최고 실세와 연결되어 있다고 믿는 것이다. 중앙당의 간부, 군부 실세, 조총련 지도부가 자주 등장한다. 북한의 통치 구조가 피라미드처럼 상위 정점의 최고 지도자를 중심으로 하부조직에 연결되어 있으므로 전혀 틀린 말은 아니다. 그러나 방송 교류는 예외 없이 노동당 통일전선부 소속의 민화협 혹은 조선아태 담당부서에서 맡는다.

최근 들어 북한에서도 각 전문 조직들이 각자도생하기 위해서 교류의 전면에 직접 나서려는 조짐이 보인다. 예를 들면 민화협이 연결만 해주고 빠지면 조선중앙TV가 실제 사업을 진행하는 방식이다. 하지만 방송에 대한 최종 사업 결정권은 여전히 통일전선부에서 쥐고 있다. '특수' 조직을 통해서 '은밀히' 진행한 사업이지만 결국 통일전선부 실무자를 공개적으로 만나야 한다. 비밀주의의 결과는 용두사미가 될 수밖에 없다.

2000년대 초 역사 드라마 〈연개소문〉의 남북 공동 제작이 시도된 적이 있다. 연개소문은 남한에서도 유명하지만, 북한에서도 '고구려 집권층의 투항주의적인 대당나라 정책에 반대한 장군'이라고 하여 그의 기개를 높이 평가한다.

"이윽고 밤색 준마를 탄 우람찬 장수가 군사들의 호위를 받으며 들어오는데 갑옷은 햇빛에 번쩍이고 허리에 찬 긴 칼은 위엄을 더욱 돋웠습니다. 장수의 숱진 눈썹과 불길이 이는 듯한 눈빛은 큰일을 벌이려는 단호한 결심이 력력했습니다."[33]

마치 영화의 한 장면 같은 이 문장은 영류왕을 몰아내고 보장왕을 세운 쿠데타 직전의 연개소문을 묘사한 북한의 역사 교과서 내용이다. 봉건 지배층에 대해서는 시종일관 비판적 시각을 견지하는 북한에서 연개소문만 한 명성을 얻은 장군은 몇 안 된다.

방송사들이 대북 관련 아이템을 찾기에 골몰하던 그 시기에 연개소문 드라마를 제작하자는 제안이 들어왔다. 북에서 먼저 제안한 것인지, 브로커들이 가공한 것인지 확실하지 않지만 방송사에서는 눈이 번쩍 뜨이는 사업이었다. 실제로 북한 사람이 등장하고, 최고 지도자가 남한의 유명 사극 피디를 직접 초청했다고 하고, 방북 초청장이 날아오고, 방송사 간부와 피디가 방북해서 평양성까지 돌아보고 왔다. 남북한의 남녀 배우가 공동 출연한다는 획기적인 기획이었다. SBS가 대하드라마 〈연개소문〉 100부작을 남북 공동으로 제작한다는 기사가 신문에 대서특필되었다.

그때 방송사에서 귀가 솔깃했던 이유는 북한에서 사업비를 선불로 받지 않겠다고 약속했기 때문이다. 돈을 미리 받지 않고 제작이 착수되었을 때 받겠다는 이야기였다. 나는 그 말을 곧이곧대로 믿지 않았다. 대북 사업 사전에 외상이란 없다.

드라마 제작을 위해 제작진을 꾸린 뒤 작가, 배우를 섭외하고, 현장 답사를 진행하면 벌써 적지 않은 비용이 들어간다. 그 상태에서 북한이 돈을 요구하면 빼도 박도 못하는 상태가 된다. 일단 사업에 착수한 뒤에는 북한 측이 갑이 되기 때문에 어떤 요구를 해도 응할 수밖에 없는 상태가 된다. 따라서 형식적으로는 선불을 지급하지 않으므로 위험성이 없는 것 같지만 실질적으로는 선불을 전제로 한 사업과 차이가 없다.

2018년 하반기부터 2019년 초까지 남북 민간 교류가 사실상 중단된 것도 사업비를 '미리' 주지 못하기 때문이다. 민간단체들이 북한 측에 유엔 제재와 미국 독자 제재가 풀리면 지급할 테니 외상으로 사업을 시작하자고 제안했지만 북한 당국이 절대 허용해주지 않았다.

다시 2000년대 초로 돌아가서, 그 와중에 현장을 답사한 방송사 간부가 아직 북한에서 드라마를 제작하는 것은 불가능하다는 결론을 내렸다. 그렇게 '남북 최초 역사 드라마 공동 제작 사업'은 막을 내렸다. 그로부터 5~6년 뒤 KBS에서 조선중앙TV와 역사 드라마 〈사육신〉의 공동 제작이 시도되었다. 공동 제작을 위해 장시간 공을 들였으나, 실제로는 KBS가

경비와 장비를 지원하고 조선중앙TV가 제작해서 납품하는 형식이었다. 남북 연기자의 공동 출연은 20년이 지난 지금까지 실현되지 못하고 있다.

또다시 그로부터 몇 년 뒤 베이징에서 활동하는 북한의 고위 관리를 만나 드라마 〈연개소문〉의 기획 과정에 대한 진상을 들었다. 북한 조선중앙TV의 전직 촬영가가 중국을 드나들면서 벌인 사기극이었다고 한다. 그는 본국으로 소환되어 처벌을 받았다고 한다. 그 고위 관리는 "남조선에도 협잡꾼이 있듯이 우리 공화국에도 협잡꾼이 있소"라는 의미심장한 말을 했다.

방송 교류 사업을 하면서 얻은 교훈은 어렵더라도 공식적 절차, 공개적 협의 과정을 거쳐야 한다는 것이다. 치적을 쌓기 위한 성급한 시도는 자칫 남북 간에 불신만 남길 수 있다. 최근 방송사들의 접촉 방식은 6·15 선언을 앞두고 경쟁에 몰두하던 시기와 너무 닮아 있다. 그 틈을 비집고 대북 브로커와 실체 없는 정보가 활개를 친다. 시끄럽더라도 제대로 절차를 밟아야 후유증이 적다. 더디지만 공개적인 협의를 거쳐야 성공을 얻을 수 있음을 명심하자.

의리의 함정

"의리!"

기부와 나눔을 실천하는 배우 김보성의 트레이드마크다. 방송을 보면 어려운 상황에서 의리를 실천하는 그의 모습이 무척 훈훈하다. 북한 또한 의리의 국가로 생각하는 사람들이 많다. 남북 관계가 단절된 시기에도 금강산 관광의 사업 파트너인 현대아산과의 의리 관계를 지속적으로 유지해왔다. 실제로 현대아산 김윤규 사장이 2005년 경영에서 배제되자 "우리는 항상 '의리'의 견지에서 정주영, 정몽헌, 김윤규 선생을 하나로 생각해왔다"면서 "김윤규를 제거한 처사를 두고 '의리' 때문에 아파하고 격노하는 것"[34]이라고 '의리'를 강조했다.

지난 2018년 3월 말 김정은 위원장이 중국을 방문해 시진핑 주석을 만났을 때 "조중 친선의 오랜 역사적 전통과 '혁명적 의리'를 변함없이 지키"기 위한 것이라고 노동신문 사설에 기사가 실렸다. 베트남 전쟁 당시 북베트남을 지원하는 것은 "숭고한 국제주의적 '의리'요 의무"[35]라고 말했다. 이렇게 북한에서는 의리가 단순히 개인 간의 윤리가 아닌 국가 간의 관계를 이어주는 외교적 도리로 승화되어 있다.

그렇다면 개인 간의 의리, 특히 남한 사람에 대한 의리는 어떨까? 개인 정보를 보호하기 위해 구체적인 시기는 공개하지 않겠다. SBS로 드라마 남북 공동 제작 제안이 들어왔을 때다. 회사 간부가 SBS 회장을 북에서 초청할 것이라고 했다. 그는 다른 비선을 통해서 대북 사업을 추진하고 있었다. 초청의 주체가 누군지 알아보니 생소한 단체였다. 바로 베이징에 있는 조선아태 대표부를 찾아갔다. 그들은 실소를 금치 못했다.

"오 선생, 통일 사업 몇 년 해왔소? 그렇게 오랫동안 일한 사람이 판단력이 이렇게 흐려서 되겠소? 초청장을 발부하는 사람은 우리인데, 우리도 모르는 사람이 어떻게 SBS 회장을 초청한단 말이오?"

무안을 당한 나는 그래도 혹시 초청장을 발부하면, 미리 알려달라고 부탁하고 서울로 돌아왔다. 회사에는 조선아태 대표부의 발언을 정리해서 보고했다. 그로부터 열흘 정도 지나서 SBS 회장에게 진짜로 초청장이 왔다. 나에게 판단력이 흐리다고 책망했던 사람이 바로 초청자였다. 결국 내가 중간에서 허위 보고를 한 셈이 되었다.

SBS 안에 대북 교류 사업을 방해하는 세력이 있다는 말이 돌았다. 심지어 오 피디는 앞으로 대북 사업을 하지 못할 것이라는 확인되지 않은 소문도 있었다. 회장의 방북 여부와 상관없이 누명을 벗는 일이 급했다. 베이징으로 전화를 했다. 그러나 그들은 전화를 받지 않았다.

그들이 내게 거짓말을 했다고 생각하지는 않는다. 그런데 어떤 사유인지 모르게 결정이 바뀌었다. 정치적인 힘? 브로커의 로비? 구체적 사정은 알 수가 없다. 아쉬운 것은, 결정이 바뀌었다면 '의리'상 미리 통보해줘야 하지 않느냐는 것이다. 그게 다른 국가와 달리 의리를 외교적 도리로 승화시킨 북한의 '의리'일 것이다. 또는 여러 차례 만나서 통일 사업을 하던 파트너에 대한 개인적 '의리'를 지키는 일일 것이다. 사실 이런 황당한 일이 몇 차례 더 있었다. 돌이켜보면 그들은 평소에도 의리가 별로 없었다.

결국 SBS 회장의 방북은 무산되었다. 불확실한 주체의 초청을 받아 방북하는 것이 부담스럽다는 회장의 판단이었다. 하지만 나는 초청장과 직접 관련되어 있던 SBS의 간부로부터 혹독한 비난을 받았다. 혼자 대북 사업의 공을 독차지하기 위해서 일을 꾸몄다는 지적이었다. 북으로부터는 어떤 사과나 해명도 듣지 못했다. 그것이 통일 사업이다.

삼지연관현악단 강릉 공연 선곡의 비밀

평창동계올림픽의 이미지를 '평화의 제전'으로 이끈 결정적 이벤트가 삼지연관현악단의 강릉 공연이었다. 현송월 단장이 이끈 삼지연관현악단은 같은 민족이 주최하는 국제행사에서 축하 사절로의 역할을 톡톡히 해냈다. 일부 언론이 현송월 단장을 '핵 파는 처녀'라거나 '노래 폭탄을 가지고 올 거'라고 비아냥거렸지만 기우에 불과했다.

삼지연관현악단은 강릉 공연에서 13곡이나 되는 남한 노래를 부르거나 연주했다. 예상외로 많은 선곡이었다. 선곡의 동기 혹은 기준은 무엇이었을까?

첫째는 남한 관객을 위한 배려였다고 볼 수 있다. 13곡 가운데 이른바 운동가요나 통일가요는 2곡에 불과하고 나머지는 모두 대중가요들이다. 이들 11곡에 '사랑'이란 가사가 40회, '눈물'이란 가사가 10회, '이별'이란 가사가 4회 들어가 있었다. 북측 당국이 가장 경계하는 전형적인 '남조선 부르주아 날라리풍' 혹은 '자본주의 황색바람'의 가요들이다. 대중문화는 대중들의 감성과 취향을 담고 있다. 따라서 대중문화를 대중들의 정체성 표현 공간이라고 한다. 정치적 부담이 되는데도 굳이 이런 가요들을 선택한 이유는 남한 대중문화의 흐름을 받아들이고, 남한의 일상적인 문화와 친근해지려는 그들의 의도가 숨어 있기 때문이라고 이해된다. 즉, 남한 관객들의 취향에 맞는 가요를 선택함으로써 남한의 대중과 적극적으로 소통을 시도한 것이다.

두 번째 동기는 1999년 이후 7년여 동안 지속된 남한 방송사의 방북 대중 공연의 영향이다. KBS, MBC, SBS는 1999년부터 2005년까지 일곱 차례의 방북 대중 공연을 실시했다. 삼지연관현악단 김옥주와 송영이 부른 <J에게>는 이선희가 2003년 10월 류경정주영체육관 개관 기념 공연 당시 평양 관객들 앞에서 처음 불렀던 노래다. 류경정주영체육관의 무대 중앙에선 작은 체구의 이선희에게 엄청난 파워의 노래가 나오자 관객들이 숨을 죽이고 바라보던 기억이 생생하다.

삼지연관현악단이 연주한 <이별>은 1999년 12월 SBS의 방북 공연 때 가수 패티 김이 봉화예술극장에서 소개한 노래다. 방북한 남한 가수 6명 가운데 패티 김만 <이별>, <사랑은 영원히> 두 곡을 불렀는데, 특유의 강렬한 발성으로 북한 관객들에게 강한 인상을 남겼다. 여성중창으로 소개된 <사랑의 미로>는 이미 북한 주민들 사이에서 오래전부터 애창된 것으로 알려져 있다. 최진희는 1999년(SBS), 2002년(MBC) 두 차례 평양을 방문하여 자신의 히트곡인 <사랑의 미로>를 불렀다. 최진희의 독특한 발성에 북한 방송 제작진들이 깊은 관심을 보이기도 했다.

남한 가요가 북한 예술인을 통해서 새롭게 해석됨으로써 남한 대중문화의 콘텐츠가 풍부해지고 신선한 자극을 받게 된다. 북한 예술인들도 남한 가요를 통해서 남한 사회를 이해하고 정서적 공감대를 확장시킬 수 있다. 문화 교류는 이념의 장벽을 허무는 큰 힘을 갖고 있다.

★

북한 사람들이
절대 말하지 않는
세 가지

===========

　　　　　　북한 사람들의 중층적 사고에 대해 자세히
살펴보았다. 그들은 모든 생활에서 철저히 중층적이다. 그래서 그가 공
식 영역에 있는지, 비공식 영역에 있는지, 어떤 사고의 영역에 머물러 있
는지를 파악하는 것이 중요하다. 그들은 비공식 영역에서는 한없이 인간
적이고 가슴 따뜻한 사람들이다. 그런데 공식 영역으로 들어가면 마음
의 문을 잠그고 완전히 다른 사람이 된다. 우리가 방송이나 영화를 통해
알고 있는 형식적이고 호전적이고 사상 무장이 철저한 모습이 바로 공식
영역에 있을 때다. 이때 그들이 절대로 말하지 않는 세 가지가 있다. 이
것은 북한 사람의 특성이자 남한 사람을 대하는 공식적인 자세이기도 하
다. 따라서 이 말을 얻기 위해 시간을 낭비할 필요는 없다. 남측 사람인

당신을 대할 때는 결코 변하지 않을 그들의 속성이기 때문이다.

절대 고맙다고 하지 않는다

"오 선생 고맙습니다."

20년 간 북한을 다니면서 단 한 번도 들어본 적이 없는 말이다. 만약 그런 말을 한다면 북한 사람으로 위장한 조선족 동포거나 연기를 잘하는 사기꾼이 분명하다.

2000년대에 대규모 대북 비료 지원이 있었다. 1999년 15만 5천 톤을 시작으로 2007년까지 총 255만 5천 톤을 지원했다. 첫 번째 지원을 빼고는 늘 시빗거리가 되었다. 대북 퍼주기 논란에, 심지어 비료로 생화학무기를 만든다는 지적까지 있었다. 식량난을 해결하기 위해 한시가 급한 북한 측 입장에서는 이왕 줄 것을 질질 끄는 남한의 행태에 뿔이 났을 법하다.

"남측 정부는 남는 비료 좀 주는 것 가지고 뭘 그렇게 생색입니까?"

당시 남한은 비료 생산이 과잉이어서 남는 비료가 많았다.

"거, 비료는 조국해방전쟁 전에 우리한테 꾼 것이 있습니다."

틀린 말은 아니다. 한국전쟁 전에 흥남비료공장에서 남한이 30만 톤을 가져온 적이 있다. 돈을 주고 산 것인지 아니면 진짜 빌린 것인지는 모르겠다.

그들은 대북 식량 지원에 대해서도 늘 마뜩해하지 않았다.

"남측에서는 같은 민족 돕는 일을 뭘 그렇게 어려워합니까? 우리 위대하신 수령님 살아계실 때 남측에 수해가 나서 식량을 보냈지 않습니까? 우리가 미국 놈들 방해로 살기가 어려워졌는데, 이럴 때는 동포가 당연히 도와야 하는 것 아닙니까? 뭘 그렇게 쩨쩨하게 구는지, 참."

1984년 한강 유역에 수해가 나서 북한이 남한에 쌀 5만 석(약 4천 톤), 옷감 50만 미터, 시멘트 10만 톤, 의약품 등을 보내왔다. 지금이야 남북이 뭘 주고받아도 별로 놀랄 일이 아니지만 그때는 북한 물건을 구경하는 것조차 신기했다. 당시 망원동에 살던 선배는 지원받은 쌀로 떡을 해 먹었다고 한다. 북한쌀로 차례를 지낸 실향민도 있었다. 왜 옷감까지 보냈는지 이해할 수 없다는 사람도 있지만 어려움을 함께 나누겠다는 인정이 담겨있는 것 같아서 기억에 남는 일이다. 북측의 수해 지원은 아웅산 테러로 남북 관계가 긴장 상태였을 때 화해의 물꼬를 튼 계기가 됐다.

1995년 이후 남한이 북한에 보낸 쌀은 265.5만 톤이고 옥수수는 20만 톤이다. 사실 1984년에 받은 쌀 4천 톤과는 규모 면에서 비교가 되지 않는다. 비교하자는 의도가 아니다. 그때는 그때고 지금은 지금이다. 고마워해야 주는 사람도 기분이 난다. 똑같은 일을 해도 빚진 것 돌려받는다고 하면 달가울 리가 없다.

여하튼 공식적으로는 북한이 남한에게 고맙다는 말을 좀처럼 하지 않는다. 형편이 어려워졌지만 해방시켜줘야 할 대상인 남한 인민들에게 도움을 받을 수는 없는 노릇이다. 그래서 예전에 준 것을 돌려받는다는 논리를 펴는 것으로 보인다. 입장을 바꿔놓고 생각하면 이해는 된다. 어려울수록 자존심만 강해진다. 사회주의권의 몰락이라는 고립무원의 위기에서도 살아남았고, 세계 유일의 사회주의체제를 다시 세우겠다는 의욕에 차 있는 사람들이 아닌가? 북한이 진심으로 고맙다는 말을 할 때까지 기다려보면 어떨까? 시간은 좀 걸릴 것 같지만 말이다.

절대 사과하지 않는다

2001년 6·15선언 1주년이 다가오자 많은 단체들이 앞다퉈 기념행사를 준비했다. 방송사도 경쟁적으로 프로그램을 준비했다. SBS는 6월 11일부터 15일까지 5일간 평양에서 생방송 뉴스를 진행하겠다고 북한 측에 제안했다. 이미 2000년 10월 평양에서 4일 동안 생방송 뉴스를 진행한 경험이 있어서 북측에서 동의만 하면 기술상의 어려움은 없었다.

2001년 5월 초 베이징의 북한대사관으로부터 북한에서 긍정적으로 검토하고 있다는 답변이 왔다. 우리는 성사될 것을 전제로 만반의 준비를 했다. 육로 방북은 북한 측이 처음부터 군부의 반대를 들어 난색을 표했으므로 일찌감치 포기했다. 사람은 베이징을 경유해서 비행기로 가고 장비는 인천 – 남포 항로를 통해 배로 부치기로 했다. 보도국 기자와 교양국

피디 중심으로 38명의 인원을 차출하고 카메라 장비와 편집 장비는 언제든지 반출할 수 있도록 포장을 마쳤다.

이번에는 남녀 앵커가 평양에서 뉴스를 진행하도록 보도국과 사전 협의를 거쳤다. 뉴스 세트는 김대중 대통령과 김정일 위원장의 이미지를 활용하여 운반이 가능하도록 조립식으로 제작했다. 무엇보다 모든 협업 부서와 충분히 사전 토론을 거쳤다. 지난해 평양 생방송의 경우 최종 결정이 나기 직전까지 비밀주의를 고수했다가 내부의 반발을 사서 어려움이 많았기 때문이다.

5월 16일, 베이징에서 조선아태 량 참사와 방북 일정을 협의했다. 일단 선발대가 6월 2일 방북하고 본진은 6월 5일 방북하기로 합의했다. 량 참사는 2~3일 안에 확답을 주겠다고 했다. 그러나 연락이 없었다. 일주일 뒤인 5월 23일 다시 베이징을 방문해 량 참사를 만났다. 량 참사는 북미관계가 경색되어 남북 관계에도 지장이 있는 것 같다면서 5월 25일 평양에 들어가 5월 30일까지 최종 답변을 주기로 했다. 서울로 돌아온 나는 일단 38명의 베이징 왕복 항공권부터 예약했다. 장비는 인천항으로 보내 선적 준비를 마쳤다.

선발대의 출발 날짜가 다가왔지만 북에서는 소식이 없었다. 슬슬 불안해진 취재진은 어떻게 되느냐면서 문의를 해왔다. 보도국 데스크들은 대규모 인원을 보름 정도 차출해야 하므로 인원 재배치를 위해 확실한 일정을 알려달라고 요구했다. 북에서 연락이 없는 이상 나도 뾰족한 수가 없었다. 답답한 마음에 5월 31일 베이징으로 달려갔다. 르탄 공원 북쪽

에 있는 북한대사관 주변을 맴돌았지만 들어오라고 하지 않는 이상 들어
갈 수도 없었다. 설사 아는 사람을 만나도 자기 업무가 아닌 이상 일절 관
여하지 않는 것이 북한 측 태도다. 에이전트 강 선생 사무실에서 평양 조
선아태로 국제전화를 했다. "전화 받습니다. 누구십니까?"라는 딱딱한 남
자 목소리가 들렸다. 자초지종을 이야기하고 량 참사에게 연락 바란다는
부탁을 했다. "알겠습니다"라고 했지만 반나절이 지나도 전화는 오지 않
았다. 평양으로 다시 팩스를 보냈다. 서너 시간 뒤인 저녁 무렵 답장이 왔
다. 올해 6·15선언 1주년 기념행사는 평양에서 열지 않고 금강산에서 열
기로 했다면서 금강산으로 들어오라는 내용이었다.

우리의 평양 생방송은 6·15선언 1주년 기념행사 취재만이 목적은 아
니었다. 6·15선언 1주년을 맞이해서 변화된 평양의 모습과 남북 관계를
보는 주민들의 시각 등을 취재하기 위한 것이었다. 이미 아이템에 대한 협
의도 진행되었으므로 북측이 우리 의도를 모르는 바가 아니었다. 방북 날
짜를 코앞에 두고 일방적으로 장소를 변경하다니. 화가 났지만 성질부릴
형편이 아니었다. 우리의 취지를 담아 팩스를 보냈다. "6·15선언 1주년
기념행사뿐 아니라, 고난의 행군기를 성공리에 극복하고 강성대국으로 발
돋움하는 공화국 인민들의 생활상을 널리 알리기 위해 평양을 방문하려고
한다"라고 량 참사의 체면을 생각해 문구를 정리했다. 출국을 기다리는 38
명을 생각하면 며칠 늦어지더라도 평양 취재를 성사시켜야 했다.

출국하기로 한 6월 2일에 답장이 왔다. 일이 어렵게 되었으니 나중
에 계기를 만들어보자는 내용이었다. 두 달 동안 공들여 준비해온 6·15

선언 1주년 기념 평양 생방송은 무산되었다. 혹시 몰라서 마지막까지 출국을 기다린 38명에게 평양에서 온 팩스 내용을 설명했다. 여러 차례 만나서 협의를 거쳤음에도 북측 실무자의 무책임한 태도에 화가 났다. 일이 어려울 것 같으면 하루라도 일찍 알려줘야 할 것 아닌가? 38명이 대기 상태이므로 단 하루라도 일찍 가부를 알려달라고 신신당부했는데, 소 귀에 경 읽기가 되었다. 그러나 지나고 보니 될 일과 안 될 일을 구분하지 못한 우리의 책임도 있었다. 무엇보다도 김정일 위원장 인터뷰를 요청한 것 자체가 북측 실무자의 어깨를 무겁게 했던 것이다. 김정일 위원장 인터뷰가 포함되다 보니 의사 결정의 주체가 최고위급으로 격상되어 버렸고, 결국 실무자들은 심부름꾼밖에 못했을 것으로 추정된다. 그렇지만 한 번쯤 량 참사의 설명과 사과를 기대했다. 향후 지속적인 업무 협의를 위해서, 또 믿고 일할 파트너로서 반드시 필요한 절차였다. 하지만 량 참사로부터 소식은 없었다. 베이징에 다녀갔다는 이야기도 들리지 않았다.

두 달 뒤인 7월 29일, 한 이벤트 회사가 추진한 '통일 자동차 랠리'를 취재하기 위해서 금강산에 갔다. 나와 카메라맨은 숙소를 배정받기 위해 온정각 주차장에서 기다리고 있었다. 햇살이 뜨거워 그늘로 자리를 옮기려는 찰나, 낯익은 사람이 눈에 들어왔다. 그는 우리의 시선을 피하려는 듯 고개를 돌리고 빠른 걸음으로 주차장 반대편 차량으로 다가갔다. 내가 뛰어가 그 차량 앞을 막아섰다. 차에 오르려던 그는 마지못해 선글라스를 벗고 아는 체를 했다. 나의 돌발적인 행동에 당황한 빛이 역력했다.

"오 선생 그동안 잘 있었소? 금강산에는 웬일이오?"

조선아태 량 참사였다.

"량 참사, 6·15 평양 뉴스 어떻게 된 겁니까? 우리 사이에 신심이 이렇게 없어서 되겠습니까?"

억눌렀던 감정이 터져 나왔다. 량 참사는 난처한 표정을 짓고 아무 말도 하지 않았다. 그런데 바로 옆에 서 있던 50대 초반의 사나이가 핏대를 올리면서 신경질적인 반응을 보였다. 보위부 국장으로 알려진 사람이었다.

"이거 무슨 소릴 그 따위로 하는 거야!"

그 사나이의 말에 대꾸하지 않고 량 참사를 노려보았다. 량 참사가 단호한 목소리로 말했다.

"오 선생, 이래서 통일 사업이 힘든 것이오!"

그들은 서둘러 차를 타고 주차장을 떠났다. 그들로부터 사과의 말을 듣기란 불가능하다는 사실을 그때 알았더라면 오래도록 화병으로 고생하지 않았을 것이다.

절대 남한이 북한보다 낫다고 하지 않는다

북측에서 방남하면 주로 워커힐호텔을 이용한다. 시설도 양호하고 무엇보다 시내에서 떨어져 있어서 경호에 유리하다. 숙소 근처에서 확성기를 크게 틀어놓고 시위를 하면, 북측 방문객들도 불편하지만 호텔 영업에 지장이 많을 것이다. 여하튼 북에서 육로로 내려오면 통일로 – 강변북로 – 워커힐호텔로 곧장 들어가면 되니 동선도 편리하다. 항공기를 통해 오더라도 인천 혹은 김포에서 강변북로 – 워커힐호텔로 들어가면 된다.

서론이 길어졌는데, 숙소 이야기를 하려는 게 아니다. 워커힐호텔에 묵은 북측 손님들이 돌아갈 때, 강남의 식당에서 냉면을 점심 식사로 대접하는 경우가 종종 있다. 워커힐에서 공항으로 가는 중간에 있어서 이동 경로가 편하기 때문이다. 남한 손님들이 방북하면 반드시 옥류관 랭면에서 식사를 하므로 남북 냉면의 맛을 비교해보라는 의미도 있는 것 같다.

나도 북측 손님들과 강남의 식당에서 냉면을 먹은 적이 있다. 유명한 고깃집인데, 쇠고기구이를 먼저 먹고 후식으로 냉면을 먹었다. 평양에서 보면 북측 안내원들은 대체로 활달하고 말을 많이 한다. 하지만 이들은 서울만 내려오면 말을 조심한다. 질문하지 않으면 먼저 말을 하는 경우가 거의 없다. 식당에서도 마찬가지다. 평양 옥류관이나 평양 민속식당 같은 곳에서는 대화를 주도하지만, 강남의 식당에서는 거의 말을 하지 않았다. 식사가 거의 끝난 뒤, 김 참사에게 냉면 맛이 어떠냐고 물었다.

"랭면 맛이 왜 이리 답니까?"

그는 못마땅한 듯, 옆에 앉은 다른 북측 참사를 쳐다보며 인상을 찌푸렸다.

"오 선생, 우리 옥류관에서 랭면 먹어봤지 않습니까? 맛이 어떠했습

평양의 명물, 옥류관 랭면. 100g, 200g, 300g 등 각자 양에 맞게 주문한다.

옥류관 쟁반국수. 녹말 성분이 랭면보다 많아 좀 더 쫄깃하다.

니까?"

"네, 참 맛있게 먹었습니다."

그는 나의 기억을 높이 평가하는 듯, 만족스러운 표정을 지었다.

비단 냉면 맛뿐 아니다. 서울에 와본 경험이 있는 북측 사람들의 평가는 매우 박하다. 물론 직급이 낮을수록 남한에 대한 평가가 더 박하고, 체제 논쟁을 하려고 잘 덤빈다.

2000년대 중반 서울을 다녀간 또 다른 조선아태 참사의 말이다.

"오 선생, 내가 서울 워커힐호텔 가서 텔레비전을 봤는데 말이요. 뉴스에서 왜 그렇게 나쁜 이야기만 합니까? 누가 사람 죽이고, 누구는 감옥 가고, 또 어디는 교통사고가 나서 사람 다치고…. 방송에서 늘 부정적인 보도만 하면 인민들 교양이 어떻게 됩니까? 우리 공화국에서는 사회적 진보와 발전을 위해서 방송이 인민들 교양 높이는 데 힘을 쏟는단 말이요. 숨은 일꾼 발굴해서 보도하고, 잘한 일 칭찬해주고. 그러기에도 시간이 부족한데 뭘 그렇게 남을 못 잡아먹어서 난리들이오?"

"그게 다 시청률 때문에 그렇지 뭐. 남조선 방송들은 시청률 올리려고 남 나쁜 이야기하는 걸 더 좋아하더라고."

옆에 있던 다른 참사가 측은한 듯이 나를 쳐다보았다.

"시청률 경쟁 많이 하지만, 꼭 시청률 때문만은 아니죠. 남에서는 사회가 발전하려면 잘못된 걸 지적해줘야 한다고 생각합니다. 우리는 사회 부조리를 짚어주는 걸 언론의 사명이라고 생각합니다."

시청률 이야기로 몰고 가서 살짝 화가 났지만, 근거 없는 이야기는 아니었다. 자칫 체제 논쟁으로 번질 것 같아서 더 이상 대꾸하지 않았다.

"참 이해할 수 없어. 좋은 사례 소개해서 본받도록 해야지. 나쁜 이야기해서 좋을 리가 있나?"

그들이 나를 교양할 의사로 그 이야기를 했다고는 생각하지 않는다. 나름 남한 문화에 대한 소감이자, 사소한 자존심의 표현이다.

"서울은 왜 그렇게 공기가 나쁩니까?"

서울에 다녀온 북한 관리들의 단골 레퍼토리다. 사실 평양의 공기도 그렇게 좋지는 않다. 특히 겨울철에는 난방연료로 석탄을 사용하다 보니, 바람이 불지 않는 날에는 노란 연기가 시내 전체에 깔려 있다. 특히 김일성광장에서 남서쪽으로 4킬로미터 거리에 있는 평양화력발전소가 가동될 때는 두꺼운 연기가 평양 중심부를 덮기도 한다.

"오 선생, 그렇게 복잡한 데서 어떻게 삽니까?"

서울이 평양보다 훨씬 복잡하다는 지적에는 동의한다. 하지만 복잡하더라도 편의시설이 갖추어진 곳에 살고 싶어 하는 사람도 많이 있다는 사실에 그들이 동의할지 모르겠다.

그들은 절대 남한이 북한보다 낫다는 말을 하지 않는다. 우리의 정성이 부족해서 그런가? 다음번에 오면 맛있는 이천 쌀밥도 대접하고, 소박하지만 열심히 살아가는 사람들의 이야기가 있는 〈생활의 달인〉도 보여주고, 공기 좋은 제주 서귀포에도 데려가고, 복잡하지 않은 경주도 한번 소개해야 할 것 같다.

북한 관련 방송 프로그램 중 인기 있을 아이템은?

남북한 간의 긴장 완화와 화해 분위기 조성을 위해서 방송 교류만큼 효과적인 방법은 없다. 그래서 과거에도 한반도에 해빙 분위기가 보이자마자 방송사들은 북측과 공동 제작 혹은 방북 제작을 위해 평양 문을 열심히 노크했다. 역사 드라마 공동 제작, 남북 합동 공연, DMZ 생태 탐방 다큐, 금강산의 사계 다큐, 개마고원의 생태 다큐, 문화유산 탐방, 경평 축구, 통일 씨름 대회, 경평 역전 마라톤 등이다. 그중 일부는 시도되어 시청자들의 관심을 끌었다.

하지만 뚜렷한 한계가 있었다. 어떤 프로그램이든 남한 제작진이 북한의 일반 주민과 접촉하는 것은 엄격히 금지되었다. 주민과 자연스런 만남 속에서 예상하지 못한 돌발 상황을 포착하는 것이 방송의 재미지만, 북측은 계획되고 승인된 내용만 촬영하도록 단속했다.

일차적으로는 남한 방송에 대한 불신과 과거에 정치적으로 이용당한 트라우마 때문이다. 보다 근본적인 이유는 남북한 방송 제작 방식의 차이이자, 의식의 차이 때문이다. 그 차이를 없애기 위해 부단히 노력했으나 성공한 경우는 거의 없다. 그들은 자연스럽게 보이는 모습조차 자연스럽게 연출한 경우만 허용했다. 당분간 북측이 남측 언론에 자연스러운 만남을 허용할 가능성은 없어 보인다.

그렇다면 아직 남아 있는 북한 관련 프로그램은 무엇일까? 북측 최고 수뇌를 인터뷰하는 일일 것이다. 2000년 6·15선언 당시부터 남측의 많은 언론사들이 김정일 위원장 인터뷰를 추진했다. 저마다 연락선을 동원했지만 성사되지 않았다. 평양에 지국이 있는 해외 언론 역시 성공하지 못했다. 김정일 위원장 인터뷰는 애당초 불가능했다. 북측 입장에서 보면 절대 존엄에게 질의 응답 형식으로 인터뷰를 하는 것은 결코 허용할 수 없는 무례다. 북측의 관리에게 요청을 했더니 못 들은 것으로 하겠다고 했다. 말도 안 되는 소리라는 의미였다. 김정일 위원장은 북한 주민들에게도 공개적으로 연설을 한 적이 없다. 목소리를 들려준 경우는 단 한 차례였다. 1992년 2월, 인민군 창설 60주년 열병식에서 "영웅적 조선인민군 장병들에게 영광 있으라"라고 한 발언이 전부다. 그렇게 보면 2018년 남북정상회담 당시 김정은 위원장이 회의석상에서 한 발언이 남측에 소상하게 소개된 것은 획기적인 일이다. 북측 주민들은 보지도 듣지도 못한 내용이다.

김정은 위원장은 어떨까? 싱가포르에서 열린 6·12북미정상회담 당시 국내 언론사와 해외 언론사들이 김정은 위원장 인터뷰를 시도했지만 무산되었다. 가능성이 전혀 없을까? 김정은 위원장은 선대인 김정일 위원장과 다르다고 본다. 김정일 위원장은 '은둔의 지도자'로 자신을 노출하기를 꺼렸지만 김정은 위원장은 공개적으로 활동하는 성격이다. 2019년 2월 베트남 북미회담 중 기자들의 돌발 질문에 답변을 하기도 했다. 따라서 김정은 위원장이 언론을 적극적으로 활용할 가능성도 배제하지 못한다. "김정은 위원장 단독 인터뷰!" 언론인으로 욕심나는 아이템이다.

알아두면 유효한
협상 전략
세 가지

협상에는 반드시 전략이 필요하다. 상대방의 말을 경청할 것, 상대방의 숨겨진 의도를 파악할 것, 서로 이익을 낼 수 있는 방안을 찾을 것, 이견이 있을 때 효과적인 대안을 제시할 것 등이 일반적인 협상 전략으로 거론된다. 추가로 북한에서 반드시 필요한 전략이 있다.

북한의 협상 파트너는 결정권이 없는 단순 의사전달자에 불과하다는 것, 장기적인 전략보다는 유난히 단기적인 성과에 집착한다는 것은 기본 상식이다. 그렇다면 알아두면 유효한 전략은 무엇일까?

평양을 공략하라!
북한도 출신과 지역 차가 있다

2000년대 중반, 평양 남쪽의 남포를 방문한 적이 있다. 남측에서 보낸 식량을 분배하는 장면을 촬영하기 위해서였다. 남포는 평양에서 청년영웅도로를 따라서 차로 30~40분 거리에 있다. 평양 외곽의 유명 도시를 방문한다는 기대로 가슴이 설렜다. 항구로 가기 위해서 남포 시내를 가로질렀다.

그런데 정말 놀랐다. 외관상 평양과 차이가 너무 심했기 때문이다. 규모의 차이는 당연하지만 색상이 너무 달랐다. 건물, 도로, 심지어 사람들의 피부 색깔과 옷 색깔까지 달랐다. 도시의 외관만 보고 쉽게 평가해서는 안 되지만 그 차이가 너무 커서 비난을 감수하더라도 그 충격을 이야기할 수밖에 없다. 평양의 관문이자 북에서 다섯 손가락 안에 들어가는 큰 도시가 그 정도인데, 하물며 다른 도시는 어떨까? 북한 관광이 허용될 때 개성 시내를 둘러본 사람들은 나의 의견에 동의할 것이다. 남포 출신들은 양해하기 바란다. 굳이 이 이야기를 하는 이유는 평양과 지방의 차이를 설명하기 위해서다. 사람은 나면 서울로 보내고 말은 나면 제주로 보내라고 했듯이, 북한에서도 마찬가지로 사람은 나면 평양으로 보내야 할 것 같다.

대학원을 다닐 때였다. 학생 중에 북한 출신들이 제법 있었다. 여자 교수 한 분이 북한의 도시에 대해서 강의를 하면서 너무 아는 체를 하는 것처럼 보였다. 자칫 북한 출신 앞에서 실수를 할 것 같아서 귀띔해줬다. 나중에 보니 그 교수분이 확신에 찬 이야기를 한 이유를 알 수 있었다. 북한 출신 학생들도 생각보다 북한에 대한 정보가 많지 않았기 때문이다.

이유가 뭘까? 어릴 때 고향을 떠났기 때문이기도 하지만, 북한 이탈 주민들은 다른 지역에 대해서 거의 아는 바가 없었다. 거주 이전의 자유, 여행의 자유가 없기 때문이다. 또한 그들 가운데 평양 출신이 많지 않아서 고급 정보를 아는 경우도 드물었다.

인구 250만 명의 평양은 북한 상위 10퍼센트의 특권층이 사는 도시다. 고난의 행군기라는 어려운 시기에도 평양 주민들은 그 고통을 비껴갔다고 한다. 극심한 식량난이 있던 1998년에도 평양 고려호텔에서는 사우나에서 땀을 빼고 옆에 있는 수영장에서 냉탕을 하는 사람들이 있었다. '평양 보링장'은 그때도 성업 중이었다.

김일성종합대학을 비롯한 유명 대학은 모두 평양에 있다. 인민대학습당을 비롯한 사상교육기관, 봉화예술극장을 비롯한 예술 시설, 릉라도 5.1경기장을 비롯한 체육 시설, 조선중앙방송을 비롯한 언론 기관, 지하철을 비롯한 교통 시설이 모두 평양에 집중되어 있다. 김정은 위원장의 집무실인 노동당 중앙청사도 평양에 있다.

내가 아는 민화협 간부 한 사람은 출세한 사람으로 유명하다. 평양에서 흔히 볼 수 있는 중간 간부인데 그 사람이 유명한 이유는 원산에서 대학을 나온 사람이기 때문이다. 지방 대학을 나온 사람은 중앙에 진출하기 쉽지 않다. 현재 북의 권력 핵심에 있는 사람들 대부분은 평양 혹은 평양

모든 길은 평양으로 통한다. 나랏길의 출발점인 김일성광장.

인근 출신이거나, 평양에서 대학을 나온 사람들이다. 요즘 북에서 김정은 위원장 다음 이인자로 여겨지는 김영철 정찰총국장은 량강도에서 태어났지만 김일성종합대학을 나왔다.

북한에서 사업을 시작하려면 반드시 평양부터 공략해야 한다. 교통, 통신, 숙박 시설, 금융 기관 등 사업 인프라 활용뿐 아니라, 평양에서 인맥을 형성하는 것이 매우 중요하다. 그리고 이왕이면 중앙당 사람, 힘 있는 사람을 찾아야 한다. 중앙당 사람과 지방 관리의 힘은 하늘과 땅 차이다.

단, 중요한 것은 검증된 실세여야 한다. 숨은 실세는 필요 없다. 북한의 권력 구조는 국무위원장을 중심으로 피라미드 구조로 형성되어 있어서 재야의 실력자가 존재할 여지가 없다. 또 공식적인 권력 서열이 정해져 있어서 파워맨의 순위가 명확하다. 그 사람의 뒤에 누가 있다는 것은 중요하지 않다. 사소한 일은 숨어서 도와줄 수 있지만 조금이라도 부피가 큰 사업은 당 차원의 공식적인 협조가 없다면 불가능하다. 평양을 제외한 지방의 차이는 크지 않다. 하지만 평양과 그 외 지역의 차이는 무척 크다. 모든 길은 평양으로 통한다. 어떤 사업이든 '평양'에서 '중앙당' 사람과 '공식 라인'을 통해서 시작해야 한다.

맞춤 전략이란 없다!
대면 범위를 넓히면서
서서히 전략을 짜라

　　　　　　최근 들어 웬만한 언론사와 기업뿐 아니라 지방자치단체에도 남북 교류를 위한 TF가 만들어졌다. 남북 교류 활성화를 위한 세미나와 대북 투자 설명회도 심심찮게 열린다. 확인되지 않은 이야기지만 '북한 투자를 위한 피라미드 판매 조직'도 있다고 한다. 세미나와 설명회의 내용은 '한반도를 둘러싼 정세 분석', '북한의 제도와 법규', '대북 교류 경험 사례' 등이다. 대체로 원론적인 내용들이어서 강의를 들은 사람들은 구체성이 부족하다고 불평한다.

　　우리는 개성공단이라는 상호 존중과 공존 번영의 훌륭한 공간을 이미 경험했다. 개성공단이야말로 '분단 60년을 극복하고 새로운 남북 평화 시대를 열어가는 역사적 상징이자 민족 통일의 미래를 그려가는 살아 있는 실질적, 최고의 상징'[36]이다. 그러나 2008년 이명박 정부 이후 추가 투자가 제한되면서 사실상 낙동강 오리알[37] 처지가 되었다. 개성공단이 계획대로 조성되어 6,600만 제곱미터(약 2,000만 평)의 거대 도시를 이루었다면 우리는 다양한 전문가를 만나고 풍부한 경협 경험을 공유할 수 있었을 것이다. 그러나 실체 없는 퍼주기 논란과 무지한 판단으로 결국 2016년 2월 문을 닫았다.

　　개성공단을 제외하면, 대북 투자 혹은 사업 경험자는 매우 제한되어 있다. 북한은 경제난 극복을 위해 외부로부터 자본과 기술을 도입하려는 노력을 했지만 핵개발과 장거리 미사일 발사 등을 원인으로 성과를 거둘 수 없었다. 최근 들어 나선특구와 황금평지대를 중심으로 대외경제협력을 추진하고 있으나 주로 중국 기업과 자본에 한정되어 있다. 따라서 현대아산과 평화자동차 외에 경험 있는 우리나라 전문가와 기업은 드물다. 또 김정은 위원장 등장 이후 북한은 경제 시스템에 큰 변화를 시도하고 있으므로 이전의 경협 경험이 유용하지 않을 수도 있다.

따라서 남북 경협에 맞춤 전략이란 없다. 많이 만나고, 많이 다니고, 많이 시도해보는 수밖에 없다. 위험성만 없다면 누군가를 통해서 일을 추진하는 것보다는 처음부터 북측과 직접 만나는 것이 좋다. 사무실에서 전략회의를 하기보다 발품을 파는 것이 훨씬 유용해 보인다. 몸으로 때우는 것, 대북 전문가가 되는 지름길이다.

돈은 미리 주지 마라! 한번 들어간 돈은 돌아오지 않는다

"돈 빌려간 사람은 로력 영웅이고, 빌려준 돈 받은 사람은 공화국 영웅이다!" 북한에서 유행하는 말이다. '로력 영웅'

은 유도선수 계순희, 김정은 위원장의 고모 김경희, 김일성 장군의 노래를 작곡한 김원균 등이 받은 칭호다. 평양지하철에 '로력 영웅'들만 앉을 수 있는 배려석이 있을 정도로 대우를 받는다. 북한 사회에서 돈을 빌릴 능력이 있는 사람은 '로력 영웅'으로 칭송될 만큼 능력이 뛰어난 사람이다.

그런데 한번 건너간 돈을 돌려받은 사람은 '공화국 영웅'이다. '공화국 영웅'은 누구인가? 김일성 주석, 김정일 위원장, 3차 핵실험 공로자 등이 수훈자다. 급이 다르다. 북한에서 한 번 간 돈을 돌려받는다는 것은 거의 불가능하다는 말이다.

북측과 협상할 때는 강렬한 '선불 지급의 유혹'이 존재한다. 상대방의 유혹이 아니라 마음속에서 자발적으로 일어나는 유혹이다. 경쟁이 치열하면 할수록 유혹은 더 강렬해진다. 돈을 먼저 줘야 경쟁자를 물리치고 유리한 고지를 선점할 수 있을 것이라는 유혹이다. 북측도 항상 선불을 요구한다. 게다가 전액을 먼저 주길 원한다.

오래전 일이지만 조용필의 평양 공연은 우여곡절이 많았다. 북한 측의 제안을 받고 준비를 시작한 지 1년 1개월 만에 공연이 열렸던 점, 공연 일정을 합의했다가 무려 일곱 번 취소되고 여덟 번째에 성사되었던 점, 조용필의 야외 무대 세트 길이가 170미터나 되어서 110미터를 잘라내고 60미터만 가져갔던 일, 공연 장비가 5톤 트럭 분량으로 50대나 되어서 26대분으로 줄였던 일, 공연 장소를 북측은 봉화예술극장으로 남측은 류경정주영체육관으로 주장하다가 막판에 후자로 합의된 일, 김정일 위원장의 참석 여부를 몰라서 마지막까지 긴장했던 일 등 일일이 열거하기 어럽다. 공연과 별개로 진행된 뉴스 취재도 기억하기조차 싫을 정도로 힘이 들었다.

2005년 8월 18일 드디어 공연의 선발대가 평양 순안비행장에 도착했다. 공연일까지는 5일이 남았다. 우리는 평양의 명동인 창광거리의 고려호텔에 짐을 풀었다. 공연준비팀은 바로 공연장인 류경정주영체육관으로 떠나고, 취재팀은 호텔에 남아 북측과 취재 일정을 협의하기로 했다. 〈8시 종합 뉴스〉, 〈출발 모닝와이드〉, 〈세븐데이즈〉, 〈TV연예〉, 〈한수진의 선데이클릭〉 등 일곱 팀이 취재를 위해 방북단에 합류했다.

당시 통일부는 전체 사업비 중 50퍼센트를 현금 대신 현물로 북한에 지급할 것을 요구했다. 현금이 다른 곳으로 전용된다는 비판 때문이었다. 현금은 7월 30일 최종 실무 협의 때 이미 전달했고 현물(주로 건축자재)은 공연 장비와 함께 남포항으로 들어오기로 예정되어 있었다.

취재 아이템 역시 지난 7월 30일 최종 실무 협의 때 미리 제시했다. 북한의 경제 변화로 막 나타나기 시작한 종합시장, 학생들의 영어 공부 열풍, 평양에 문을 연 영국계 법률회사, 손전화 사용 현황, 용천역 폭발 사고 복구 현장, 조선중앙TV, 미녀 응원단의 스타 조명애 등이었다.

우리는 취재에 대한 보장을 문서화했다. 세부합의서 11조에 "보도 및 교양프로 현지 실황 중계방송은 SBS 측의 요구를 존중하되 그 시간 및 횟수, 취재 대상, 일정 등은 선발대 방문 시에 따로 정한다"라고 규정했다. 더 구체적으로 우리의 요구를 명시하려고 했으나 민화협 최 부장이 현장 책임자인 자신을 믿고 합의문은 대강 좀 해두자고 했다. 방북 날짜가 며칠 남지 않아 시간이 급했으므로 그의 말을 따랐다. 조용필 공연이 벌써 일곱 번이나 연기된 상황에서 취재 아이템 문제로 차질이 있어서는 안 되기 때문이다. 대신 "오 선생, SBS 취재진이 평양에 오면 우리가 얼마나 잘 협조하는지, 그때 가면 알게 될 거요"라는 최 부장의 말을 전적으로 믿기로 했다.

그런데 여기에 실책이 있었다. 취재 아이템을 확정할 때는 이미 현금이 전달된 이후였다. 돈이 건너간 다음에는 우리의 요구가 힘을 받지 못할 수밖에 없다. 그나마 그 정도의 합의서라도 작성한 것은 이전에 비해 진일보한 것이었으나, 취재 아이템을 확실하게 보장받기에는 여러모로 미흡했다.

우리는 구체적인 일정 협의를 위해서 고려호텔 어딘가에서 이번 행사를 지휘하고 있을 민화협 최 부장을 수소문했다. 그런데 최 부장 대신 그의 부하 직원인 리 참사가 나타났다. 리 참사는 최 부장이 공연 준비로 바쁘므로 일단 취재 계획서를 주면 최 부장에게 전달하겠다고 했다. 이미 7월 30일에 제시했던 취재 계획서를 다시 달라고 하는 것부터 미심쩍었다. 준비가 안 되어 있다는 증거이기 때문이다. 우리는 취재 계획서를 다시 전달했다.

실책의 효력은 바로 다음 날 나타났다. 취재팀 전원은 아침 식사를 일찍 먹고 전투 태세로 호텔 로비에 대기했다. 8시 30분에 민화협의 김 참사와 안 참사가 취재 일정표를 들고 왔다. 우려한 대로 취재 장소는 '만경대 김일성 주석 생가', '주체사상탑', '개선문', '평양지하철', '고려호텔 안의 수영장과 미용원' 등이었다. 이미 남한 방송에 서너 차례 소개한 진부한 아이템이었다. 우리가 요구한 것은 '조선중앙TV' 하나만 포함되어 있었다.

허탈하고 어이가 없었다. 안내를 맡은 김 참사와 안 참사는 이미 섭외가 다 되어 있으므로 출발하자고 재촉했다. 우리의 의사를 최 부장에게 전달해서 오후부터 장소를 조정하겠다는 것이다. 그들도 매우 곤란한 표정이었다. 출발을 고민하던 우리는 안내원들의 체면을 세워주어야 다음 취재가 원활할 것으로 판단하고, 일단 오전 일정은 그들 요구대로 움직였다.

그런데 처음 방문지인 만경대부터 갈등이 생겼다. 만경대 언덕을 오르는 길 중간에 매점이 있었다. 우리 기자가 수를 놓은 손수건을 고르다가 판매원에게 질문을 했다.

"물건을 많이 팔면 그만큼 월급을 많이 받습니까?"

우리는 북한에 새로 도입된 인센티브 제도가 궁금했다.

"고거야 당연하지 않습니까?"

듣고 있던 안 참사의 얼굴이 굳어졌다.

"아니, 왜 이런 걸 묻소?"

우리도, 물건을 팔던 판매원도 당황했다. 인센티브 제도의 도입은 북한 경제의 변화를 의미하는 것이어서 예민하게 받아들인 것이다.

"이 정도도 못 물어봅니까? 본인이 대답을 안 하면 할 수 없지만, 대답하는 사람을 왜 가로막습니까?"

몇 마디 항의를 한 뒤 우리는 더 이상 승강이를 하지 않았다. 현장 안내원들에게는 재량권이 없다. 공연히 첫날부터 감정을 상하기보다는 빨리 호텔로 돌아가서 '취재 범위를 넓혀도 좋다는 지도부의 지시'를 받는 것이 효율적인 방안이었다. 예정된 일정대로 주체사상탑과 개선문에 들른 뒤 서둘러 호텔로 돌아가서 '지도부의 지시'를 기다렸다.

오후 2시 30분쯤 김 참사가 내려와, 오늘은 예정된 일정대로 움직이고 내일부터 우리 의사를 반영하겠다고 말했다. 북한의 속성상 갑자기 일정을 변경하기 어려운 건 이해가 되었다. 하지만 나가봐도 별 소득이 없을 것 같아서 최 부장을 만나게 해달라면서 호텔에서 버텼다. 그러는 사이 황금 같은 시간이 하루 지나갔다.

다음 날 아침 출발 시간인 8시 30분에 민화협 참사 두 사람이 심각한 표정으로 내려왔다. 흔히들 미안한 사람들이 먼저 심각한 표정을 짓지 않는가? 우리는 그들의 표정을 보고 큰 변화가 없음을 감지했다. 예상대로 일방적으로 정해놓은 일정표를 제시했다. 나는 합의서를 꺼내서 지금이라도 전체 일정을 다시 협의하자고 요구했다. 두 참사는 자신들은 지휘부에서 시키는 대로 하니 따질 일이 있으면 지휘부를 직접 찾아가라고 했다.

지휘부는 고려호텔 5층에 있었다. 한반도의 평화에 기여하겠다는 포부로 서울에서 무거운 장비를 들고 온 기자와 피디들이 촬영도 나가지 못하고 로비에 대기하고 있는 걸 생각하니 다리가 후들후들 떨렸다. 5층 지휘부 입구는 경비원이 지키고 있었다. 그는 외부인 출입이 안 되니, 용건이 있으면 호텔 2층의 SBS 지휘부에 설치된 직통전화를 이용하라고 했다. 2층으로 내려와서 전화를 했다. 최 부장이 없다는 대답뿐이었다. 그가 제 발로 찾아오지 않는 한 일행 모두가 로비에서 꼼짝 못 하는 신세였다.

답답한 것은 우리였다. 돈은 이미 그들에게 넘어갔고, 그들이 요구한 물품도 남포항에 도착했다. 우리가 버틸 수 있는 수단은 아무것도 없었다. 당장 8시 저녁 종합 뉴스를 제작해야 했다. 우리는 일단 현장에 나가서 지혜를 발휘해 아이템을 발굴해보기로 결정했다.

대동강변 스케치를 위해 나갔다. 가을을 맞아 강 놀이를 즐기는 평양 시민의 여유로운 모습을 카메라에 담자는 취지였다. 옥류교 아래에는 뱃놀이하는 사람들이 있었다. 그들과 몇 마디 인터뷰를 할 수 있으면 한 코너 정도 아이템은 가능했다. 그들에게 다가가자 안 참사가 저지했다. 더 이상 접근은 불가능하다는 것이었다. 그들은 사람은 찍지 말고 그냥 주변 경치만 찍으라고 했다.

어쩔 수 없이 그 자리에서 촬영을 하기로 했다. 그런데 망원렌즈를 통해서 보니 뱃놀이하는 사람은 군인들이었다. 우리를 위해서 일부러 군인들을 동원한 것인지, 아니면 군인들이 휴가를 나온 것인지 알 수 없었다. 여하튼 안 참사는 그들이 군인이라는 것을 미리 알고 있었지만 우리에게 귀띔해주지 않았다. 그런 식으로 승강이를 하다가 또 하루가 훌쩍 흘렀다.

오후에 호텔로 돌아오자마자 다시 최 부장에게 전화를 했다. 여전히 자리에 없다는 대답만 들었다. 저녁 식사를 끝내고 우리는 대책회의를 했다. 특별한 방법이 없었다. 그들이 우리 요구를 들어주지 않는 한 우리 방식대로 취재하는 것은 불가능했다. 왈가왈부하는 바로 그때 최 부장이 SBS 지휘부에 나타났다. 모레 들어오는 본진의 차량 대수를 확인하려고 온 것이다. 최 부장은 실무자와 대화 후 우리의 시선을 피한 채 바로 문밖으로 나갔다. 나는 빠른 걸음으로 최 부장을 따라갔다.

"최 부장, 이야기 좀 합시다."

"지금 바쁘니 이따 이야기하자."

그는 한달음에 엘리베이터 앞까지 가 있었다.

"아무리 바쁘지만 얼굴 한번 봅시다. 취재 협의는 언제 합니까?"

"내일 하자."

"내일 협의해서 언제 취재를 합니까? 내일 낮에는 조용필이 들어오는데."

"오 선생, 원래 취재는 조용필 공연과 관련된 것만 할 수 있지 않소? 지금 우리가 이만큼 조직해주는 것만 해도 고마운 줄 알아!"

그가 언성을 높였다.

"뭐라고?"

나는 화가 나서 합의문을 그의 앞에 집어던졌다.

"합의서 11조에 봐. 어디 조용필 관련 내용만 취재할 수 있다고 돼 있어? SBS 요구를 존중해서 선발대가 오면 협의를 한다고 했잖아? 그리고 당신이 협조를 잘해주겠다고 했고."

그제야 최 부장이 목소리를 낮췄다.

"오 선생, 알다시피 내가 워낙 바빠서 그러니까 이따가 그쪽으로 다시 가겠소. 가서 협의하자."

"정확히 합시다. 언제 올 겁니까?"

"인차(곧) 가겠소."

그들은 엘리베이터 안으로 사라졌다. 그리고 공연 당일까지 나타나지 않았다. 우리는 더 이상 그의 말을 믿지 않기로 했다. 야외 취재는 깨끗이 포기하고, 대신 조용필과 대표단의 일정을 충실하게 취재해서 방송하기로 결정했다. 애당초 그들은 공연 이외에는 협조할 의사가 없었다. 야외 취재의 경우에도 체제 선전을 위해 미리 세팅된 부분만 허용했다. 우리가 보고 싶은 경제 변화 현상을 그들은 체제 이완의 징후로 여기고 특히 예민하게 경계했다. 무엇보다 현찰을 미리 지급한 것이 실책이었다. 물론 미리 지급하지 않았으면 윗선에서 취재의 승인이 불가능했을 수도 있다.

처음부터 우리가 요구한 취재가 불가능하다고 명확히 이야기해주었다면, 이렇게 취재 인력을 차출해서 일주일 동안 고생시키지 않았을 것이다. 입만 열면 민족통일을 부르짖는 사람들이, 통일의 디딤돌인 신뢰를 쌓는 데는 소홀한 것이 정말 아쉬웠다.

그 뒤 최 부장은 북에서 출세가도를 달렸다. 그는 2018년 9·18남북정상회담 당시 TV화면에도 여러 차례 등장했다.

적은 내부에 있다

북한과 사업을 진행하면서 가장 힘든 일은 내부의 적과 싸우는 일이다. 폼 나고 사람들의 관심이 큰 사업일수록 내부의 적이 많다. 북측에 자신의 힘을 과시하기 위해 호기를 부리기도 하고, 실적을 독차지하기 위해 과욕을 부리기도 한다.

지금도 그렇지만 북한에 지급하는 비용이 항상 문제였다. 초기에는 합법적 송금 방식이 없어서 편법을 쓸 수밖에 없었다. 송금 방식이 정리된 후에는 지급 액수가 걸림돌이었다. 사업비라고 불리는 비용은 남측 사업자들의 안전과 편의를 보장하는 대가다. 숙식비, 교통비, 입장료 등과는 별개다. 따라서 늘 논란이 많았다. 사업비는 정책적 판단에 따라 결정되므로 실무자인 우리는 경비를 줄여서라도 명분을 얻으려고 했다.

경제적 어려움을 겪은 북은 교류를 통해서 '한반도의 긴장 완화'와 '경제적 이득'이라는 두 마리 토끼를 잡을 수 있었다. 남도 북의 경제적 어려움을 도와주면서, 한반도의 긴장 완화를 얻는다는 명분이 있었다. 때로는 북측이 남측의 선의를 이용해서 과도한 비용을 요구하는 경우도 있었다. 돈을 지불하면서도 기분이 좋은 것이 아니라, 봉을 잡혔다고 느낄 때가 적지 않았다.

방북자가 무려 160명 정도였던 대형 사업이 있었다. 표준방(스탠더드룸) 1박 가격이 대략 100달러 정도였으므로 하루 방값만 16,000달러가 넘었다. 사전 협의를 위해 평양을 방문했을 때,

고려호텔 지배인에게 할인을 요구했다. 그는 흔쾌히 20~30퍼센트 할인을 약속했다. 100명 이상이면 할인이 가능하다면서, 꼭 고려호텔로 와달라고 신신당부했다. 시장 경제 체제가 도입되면서 나타난 현상이었다. 우리는 약속대로 고려호텔에 묵게 되었다.

행사가 끝나고 결산하는 날이었다. 민화협의 최 부장이 숙박비 정산을 요구하면서 계산서를 제시했다. 비용 정산은 반드시 자신을 통해야 한다는 거였다. 나는 고려호텔 지배인과 한 약속을 거론하면서 직접 가서 정산하겠다고 했다. 그는 나를 가로막으며 말했다.

"오 선생, 우리 공화국에 할인이란 없소!"

"내가 지배인을 만나서 약속받은 겁니다. 이런 비용 부담은 덜어줘야 우리 실무자도 일하기 편합니다."

실제로 그들의 부당한 요구는 단호히 거절하고 원칙을 바로 세우는 것이, 지속적인 대북 교류에 도움이 된다.

"오 선생, 그 따위 태도라면 다시는 평양에 오지 말라!"

오히려 최 부장이 더 역정을 냈다. 내가 지배인을 직접 만나서 비용을 확인한 것이 불쾌하다는 태도였다. 그런데 난데없이 우리 측 간부 한 사람이 최 부장 편을 들면서 나에게 화를 냈다.

"오 피디, 왜 그래? 이분들 요구대로 전부 드려!"

말문이 막혀서 그를 쳐다보았다. 그랬더니 그가 민화협 최 부장에게 정중하게 사과했다.
"이해하십시오. 오 피디가 다큐멘터리 취재가 잘 안 돼서 요즘 좀 예민합니다."
다큐멘터리 취재와 방값이 무슨 상관인지 알 수 없었다. 시종일관 사업에 대해서 부정적이던 그는 어떤 이유인지 마지막에는 북에 지나칠 정도로 호의적인 자세를 취했다.

또 다른 경험도 있다. 평양 김일성광장에서 뉴스를 준비하던 2000년이다. 남북 교류가 막 시작되던 그 시절, 방송을 하는 사람은 누구나 갖고 있던 로망이 있다. 혁명의 심장부인 평양에서 그것도 김일성광장에서 생방송 뉴스를 진행하는 것이다. 피디는 기획과 디렉팅을, 기자는 리포트를, 아나운서와 앵커는 진행을, 엔지니어는 중계차 운행을, 카메라기자와 카메라맨은 실황 중계를 하는 것이 보람이고 꿈이었다. 경쟁사들의 눈을 피해서 조심스럽게 북측과 접촉했고 합의에 성공했다. 제3국에서 돌아온 나는 곧바로 합의문을 들고 보도국 간부들을 찾아갔다. 그런데 주요 간부의 첫 반응이 의외였다.
"오 피디, 거기에는 왜 가?"

돈만 쓰고 쓸데없는 일을 만든다는 분위기였다. 심지어는 평양 생방송은 안 된다는 '5불가론'이라는 것을 작성해서 경영진에게 제출했다. '북한의 의도에 말려든다', '우익의 테러가 우려된다'는 한심한 내용도 들어 있었다. 돌이켜보면 나의 실책도 있었다. 다른 경쟁사들 모르게 비밀리에 추진하려는 의도였지만, 그것이 결국 내부 반발을 초래한 것이다.
언론사, 특히 보도 분야에서 사용하는 말로 '나와바리(なわばり)'라는 말이 있다. '세력권'이라는 뜻으로, 자신이 지배하는 배타적인 영역을 의미한다. 그 간부들 입장에서는 타 부서 사람이 자신들의 나와바리를 침범해서 불쾌하고, 미리 협의하지 않은 것이 불쾌한 것이다. 물론

경영진의 승인과 지시를 받고 진행한 일이었지만, 간부인 자신들이 소외된 데 대한 어깃장이었다.

그들은 어떻게든 방송 규모를 축소하려고 했다. 원래 북측과 합의 내용에는 남녀 앵커가 가기로 되어 있으나, 기자 한 명이 진행하는 것으로 바뀌었다. 남녀 앵커가 못 간다면 좀 더 무게 있는 간판급 기자를 보내자고 제안했으나 묵살당했다. 평양에서 한참 취재를 하고 있는 도중에, 보도 아이템 수를 줄이라는 지시도 떨어졌다. 북한 소식을 하나라도 더 전달하려고 현장에서 뛰어다니던 기자들은 적잖이 낙담했다. 그 간부들에게 평양 뉴스 방송은 처음부터 끝까지 다 못마땅한 일이었다. 그해 12월 언론 단체가 주최하는 시상식이 있었다. SBS의 평양 생방송 뉴스가 대상을 수상했다. 가장 강력하게 반대하던 간부 중 한 사람이 대표로 상을 받는 모습을 SBS 8시 뉴스를 통해서 볼 수 있었다.

★

영원히 풀리지 않는 북한에 대한 궁금증 세 가지

━━━━━━━━━

　　　　　　　북한 사람들은 모두 엄격한 규율과 통제 속에서 긴장된 생활을 하는 것으로 알려져 있다. 그런데 며칠 지내다 보면 평양의 시간은 꽤 천천히 흐른다는 걸 느끼게 된다. 정치적인 이슈만 피하면 농담을 좋아하고, 여유가 있고, 결코 남을 험담하지 않는다. 에스컬레이터에서 뛰는 사람이 없고, 자동차도 과속을 하지 않는다. 식당에서 밥을 급하게 먹지도 않고, 커피숍에 오래 앉아 있어도 눈치를 주지 않는다. 의료 시스템만 잘 갖춰져 있으면 노년에는 평양에서 살아도 좋겠다는 생각이 든다.

　　그런데 이해되지 않는 부분도 있다. 교육 기관을 방문하거나 방송에 나오는 어린이들은 모두 천재적인데, 그 많은 천재는 어디로 가고 일류

국가의 반열에 끼지 못하고 있는가 하는 것이다. 물론 여기에 대해서는 반론이 있음을 안다. 또한 누구나 그렇게 말을 잘하고 똑똑한가 하는 점도 미스터리다. 특히 정치적인 이슈가 나오면 그들의 거침없는 말솜씨에 혀를 내두른다. 정치적인 행사나 방송에서 눈물을 흘리는 사람들을 자주본다. 눈에서 샘솟듯이 눈물을 흘리는 사람이 많다. 북한 사람들에 대한이 궁금증을 한번 알아보자!

그 많은 천재는 다 어디로 갔을까?

"저 아이는 아직 만 3세가 되지 않았습니다, 선생님."

동평양 김정숙탁아소 소장이 귓속말로 알려줬다. 4~5세 유아들이 모여서 노래와 무용을 하고 있는데, 유독 어려 보이는 여자아이가 눈에 띄었다. 다른 아이들보다 거의 한 뼘쯤 작고 걷는 것도 안쓰러워 보였지만, 언니 오빠들에게 뒤질세라 열심히 따라 했다. 그 아이뿐만 아니었다. 다른 아이들도 나이에 비해 목소리가 크고 율동도 뛰어났다. 남한에서는 초등학교 수준의 예능 교육을 북한에서는 유아원에서 가르치는 것 같았다. 특히 우리를 놀라게 한 것은 탁아소 아이들의 표정이었다. 동작에 맞춰서

짓는 표정 연기는 거의 성인 배우 수준이었다.

만경대 구역 광복거리에 있는 만경대학생소년궁전에서도 놀라움은 이어졌다. 붓글씨 소조반을 방문했을 때, 아홉 살짜리 소년이 자기 팔뚝만 한 붓으로 "조선은 하나다"라는 글씨를 썼다. 그 글의 의미를 정확히 알고 있는지 모르겠지만 단숨에 죽 내리쓰는 일필휘지(一筆揮之)의 솜씨가 놀라울 따름이었다.

북한은 어린이들의 능력이 뛰어나다. 어디를 가도 천재들이 넘친다. 1980년대 중반 김정일 위원장의 지시로 시작된 영재 교육도 꽤 체계적인 것으로 알려져 있다. 북한에서는 영재 교육을 수재 교육이라고 한다. 북한의 소학교(초등학교)에서는 이른바 소조 활동이라는 특별 활동을 통해서 예술적 재능이 발견되면 교사들의 추천으로 특수 학교에 진학한다. 외국어와 과학 수재들은 각 지역에 설치된 외국어학원과 제1중학교에 입학한다. 최근에는 컴퓨터와 영어 교육에 집중하고 있다.

수재 교육은 북한식 사회주의 이념, 즉 평등주의, 집단주의 정신과 위배된다. 그럼에도 수재 교육을 실시하는 이유는 강성대국의 목표를 달성하기 위해서 부득이 어릴 때부터 선택적 집중 교육을 할 수밖에 없기 때문이다.

그러면 궁금한 것이 있다. 우리가 보기에는 수재가 무척 많은 것 같은데, 그 많은 수재는 다 어디로 갔나? 다시 말하면, 그 많은 수재가 성인이 되어서 활약하고 있어야 하는데 왜 국제사회에서 두각을 나타내지 못하고 있는가? 그 모든 수재들을 보유한 북한은 이미 선진국의 반열에 들어

김정숙탁아소의 3~4세 어린이들 교육 장면.

체계적인 영재 교육을 실시하는 북한. 어디를 가나 어린 천재들을 만날 수 있다.

야 하지 않는가?

　나는 교육학자가 아니지만 언론인의 관점에서 그 이유를 분석해보았다. 첫째, 경제적 여건이 수재들의 학습 욕구를 맞추지 못한다. 체계적인 과학 교육을 위해서는 단계별 학습 자료와 연구 장비가 필요하다. 그런데 북한의 경제 상황이 이들이 욕구를 충족할 정도로 지원할 수 없다. 북한 과학 수재 교육의 산실인 평양제1중학교를 방문한 적이 있다. 중학교라고 보기에는 훌륭한 건물과 체계적인 학습 시스템을 갖추고 있었다. 교사들의 수준과 열의도 매우 뛰어났다. 그런데 교과서, 학용품, 교육 자재 등 물질적 지원이 충분하지 못함을 한눈에 알 수 있었다. 11월 말 방문할 당시 영하 10도의 추위에도 교실 난방이 전혀 되지 않았다.

　둘째, 세계적 흐름에 뒤처지기 때문이다. 예체능은 지속적으로 외국과 교류하면서 새로운 변화와 자극을 받아야 한다. 그런데 북한에서는 어릴 적에 내부 경쟁만 할 뿐 더 넓은 세계와 교류하면서 성장할 기회는 거의 없다. 우물 안 개구리다. 어릴 적 눈에 띄는 재능을 가진 수재들을 조기 발굴해서 외국의 교육 기관에 유학을 보내고, 또 명망 있는 외국 지도자를 초청해서 교육을 시켜야 한다. 북한이 자랑하는 우리 민족 제일주의가 오히려 성장하는 아이들을 세계적 흐름에서 고립시키는 결과를 낳을 수도 있다.

　셋째, 정치적 목적으로 주입식 교육을 하기 때문이다. 인간에게는 성장 단계에 맞는 발달 과업이 있고, 그 발달 과업에 맞는 교육을 해야 한다. 겨우 말을 시작하는 어린이들에게 정치적 구호를 가르칠 경우, 유아기에 스스로 획득해야 할 많은 부분을 놓치게 된다. 동일 언어와 동일 행동을 반복하도록 주입하여 나타나는 결과는 단순 학습의 효과일 뿐 재능 발달에는 큰 도움이 되지 않는다. 또 교육 과정마다 다소 과도하게 배정된 정치적 과목도 아이들의 자유로운 사고 발달을 가로막는다. 조기교육과 획일화된 교육의 문제점이 동시에 나타난다고 볼 수 있다. 실제 상당수의 방북자들은 북한의 공연장에서 나이에 맞지 않은 재능을 자랑하는 어린이들을 보고 오히려 불편했다는 고백을 한다.

지난 2018년 11월 춘천에서 열린 15세 이하 국제유소년 축구대회에서 북한의 425팀이 월등한 기량으로 우승을 차지했다. 체격 조건도 뛰어났고, 경기를 운영하는 능력도 거의 성인 수준이었다. 그런데 몇 달 뒤인 2019년 1월에 열린 아시아축구선수권대회에서 북한의 성인 대표팀은 24개 출전국 중 최하위 성적을 기록했다. 유소년의 재능이 성인으로 연결되지 않은 것이다. 물론 앞으로 북한의 성인 축구가 뛰어난 성적을 낼 가능성도 없지 않다. 하지만 어릴 적 재능을 성인의 능력으로 연결시키지 못하는 시스템이 아쉬울 뿐이다.

그들은 왜 그렇게 말을 잘할까?

"선생님뿐만 아니라 남녘 동포 모두가 우리 평양에 와서 유명한 옥류관의 랭면 맛을 보는 통일의 그날이 하루 빨리 오면 얼마나 좋겠습니까?"

2003년 KBS 〈평양노래자랑〉에서 〈평양랭면 제일이야〉를 부른 육해운성 부원(공무원) 배숙(43)이라는 여성은 사회자인 송해 선생 못지않은 입담을 과시했다.

"너무 감격해서요, 말을 제대로 할 수 없습니다. 네, 정말 이곳에 나오신 평양 시민 여러분 이렇게 너무 반겨주셔서 정말 감사합니다."

너무 감격해서 그랬던 것인가? 같은 자리에서 가수 송대관은 사회자인 송해 선생이 평양에 온 소감을 묻자 이렇게 답했다. 남한의 대표가수로 평양에 온 소감을 한마디 정도는 폼 나게 할 수 있었을 텐데 아쉬웠다.

말을 못하는 북한 사람을 본 적 있는가? 북한 방송에 나오는 사람을 보면 모두 청산유수처럼 말을 잘한다. 초등학교 때 담임 선생님 한 분은 북한 사람들은 손에도 따발총, 입에도 따발총을 달고 있다고 말하곤 했다.

북한 사람들이 말을 잘하는 이유를 북한의 교육 방식에서 찾는 사람도 있다. 주입식이 아닌 토론식 교육이 자신의 의사 표현을 명확히 하는 훈련이 된다는 주장이다. 하지만 사실이 아닌 것 같다. 북한 이탈 주민들의 말을 들으면 북한도 주입식이다. 그들은 오히려 남한이 토론식 교육을 많이 한다고 말한다.

북한에서 정기적으로 행해지는 생활총화에서 그 이유를 찾는 사람도 있다. 대개 주간 단위로 열리는 생활총화에서 주민들은 자기비판과 호상(상호) 비판을 한다. 정기적으로 진행되기 때문에 정신적 긴장을 유지하고 자기방어와 발표 능력을 향상시키는 역할을 할 수 있을 것이다. 그런데 그것도 이유가 되지 못한다. 실제로 북한 이탈 주민들을 만나서 이야기해보면 생각보다 언변이 좋지 않은 걸 알 수 있다. 그들도 인정한다.

그렇다면 이유는 무엇일까? 해답은 아주 간단한 데 있다. 북한에서는 말 잘하는 사람에게만 말하는 기회를 주기 때문이다. 남한 방송이 북한에 가서 취재를 할 때는 원칙적으로 '정해진 사람'과 '정해진 질문'만 해야 한다. 반대로 남한에서는 미리 정해진 질문과 대답보다는 돌발적인 질문을 던져서 솔직한 대답을 얻길 원한다. 사회자들이 일부러 대본에 없는 질문을 하는 경우도 있다. 인터뷰할 사람을 정해놓았지만 자연스러운 답을 얻기 위해서 의도적으로 그 옆의 사람에게 질문하기도 한다.

정해진 질문을 하면 누구나 대답을 잘한다. 북한에서는 정해진 질문에 대한 정해진 대답만 방송에 나오니까 말을 잘하는 것처럼 보인다. 모범답안은 언제 어디서나 큰 차이가 나지 않는다. 그런데 예상 밖의 질문을 하면 북한 사람들도 대답을 잘 못하는 건 마찬가지다. 한번은 고려호텔 앞 창광거리의 메기탕식당에 갔다. 평소 주민들이 가는 식당은 취재가 어려운데 그때는 용케도 취재를 허용해줬다. 99제곱미터(30평) 정도 되는 공간에 서너 가족이 와서 메기탕을 먹고 있었다. 자녀를 데리고 온 젊은 주부는 "인민의 단백질 보충을 위해서 메기탕을 먹도록 하라는 김정일 장군님 덕분에 메기탕을 먹는다"고 조리 있게 말했다. 추가 질문으로 "외식을 자주 하느냐"고 물으니 대답을 하지 못했다. 적당히 둘러대면 될 텐데 얼굴만 붉힐 뿐이었다. 곤란한 질문으로 주민을 괴롭혔구나 싶어 얼른 식당을 나왔다.

북한 주민들은 군중 행사나 방송 인터뷰 등에서 정치적 수사를 동원하는 기술은 매우 능하다. 하지만 자신의 감정을 솔직히 표현하는 데는 익숙하지 않다. 북한 사람들이 말을 잘한다고 생각하는 것은 일종의 착시 현상이다.

그들은 정말 눈물이 많을까?

북한 사람들은 눈물을 잘 흘린다. 결론적으로 말하면 공식적인 영역에서 김정은 위원장을 만날 때 눈물이 많다. 김정은 위원장을 만날 수 있는 사람은 한정돼 있다. 그들을 '1호 대상자'라고 한다. 김정은 위원장 '영접' 자체가 특권이다. 김정은 위원장과 만나서 찍은 사진은 일종의 신분증명서다. 어지간한 범죄 행위를 해도 처벌이 면제된다. 어디를 가더라도 사진을 보물처럼 모신다.

2018년 11월 방북 때 평양 인근의 장천남새협동농장을 방문해 농장

안의 정갈하게 정리된 한 살림집을 둘러보았다. 살림집 출입문 위에는 "경애하는 최고령도자 김정은 동지께서 다녀가신 살림집"이라는 현판이 붙어 있었다. 김정은 위원장이 다녀간 집 자체가 유적처럼 보존된다.

금강산 관광이 한창일 때다. 신계사를 지나 구룡계곡을 올라가다가 소나무 그늘에서 잠시 휴식을 취했다. 산행 중에 만난 노인이 마침 길가에 있는 비석 받침돌에 걸터앉았다. 그런데 가까이 있던 안내원(산림감사원)이 소리를 질렀다.

"아니 선생님, 지금 어디에 앉으신 겁니까?"

노인이 놀라서 벌떡 일어났다. 그의 옆에는 흰 바탕에 붉은 글씨로 "위대한 령도자 김정일 동지께서 앉으신 자리"라는 문구와 날짜가 새겨진 돌비석이 서 있었다. 노인이 뭘 그렇게 화를 내느냐고 따졌지만, 젊은 안내원의 노기는 수그러들 줄 몰랐다.

나도 비슷한 경험이 있다. 평양 보통강려관에 묵을 때 1층 로비에서 북한 측 관리들과 당일 일정을 협의하고 있었다. 보통강려관은 접수대 앞에 별도의 휴식 공간이 없다. 이야기가 길어져서 벽면 아래 연단처럼 꾸며 놓은 곳에 잠시 걸터앉았다. 그러자 조선아태의 박 참사가 버럭 화를 냈다.

"오 선생, 거기가 어디라고 앉아 있습니까?"

깜짝 놀라서 돌아보니 뒷벽에 "김일성 주석, 김정일 위원장"의 현장 교시 장면이 그려져 있었다. 평소 점잖아 보이던 박 참사는 얼굴이 벌겋게 달아올라 있었다. 지도자의 이미지와 연계된 모든 공간이 신성시된다.

보통강려관에 투숙한다면 1층 로비에 있는 벽화를 주의해야 한다.

더 심한 일도 있었다. 황해도 구월산에 있는 단군유적과 월정사를 취재하러 갔을 때다. 아침 일찍 고려호텔에서 싸준 도시락을 가지고—일회용 도시락을 어떻게 구했는지 아직도 수수께끼다. 당시 평양에는 일회용 도시락이 없었다— 나와 SBS의 서득원 카메라 감독, 조선아태 리 참사, 황 참사, 운전기사 이렇게 다섯 사람이 길을 나섰다. 평양—개성 간 고속도로에서 황해북도의 소재지인 사리원을 거쳐서 구월산으로 향했다. 사리원을 지나자 구불구불한 재령강이 나타나고 넓은 평야가 펼쳐졌다.

황토포장도로 혹은 진흙포장도로—북한에서는 황톳길을 이렇게 불렀다—를 쉴 새 없이 달렸지만, 쉴 공간이 마땅치 않았다. 중간에 재령과 신천이 있었지만 도시에서는 정차하지 않았다. 화장실이 급해 어쩔 수 없이 30여 호가 있는 재령평야의 작은 농촌 동네 바깥에 차를 세웠다. 붉은 기와를 정연하게 올린 아름다운 동네였다. 리 참사는 동네 안으로 들어가지 말고 바깥에서 해결하라고 했다. 넓은 평야에서 다른 사람들의 시선을 피할 수 있는 장소를 찾기가 쉽지 않았다. 우리는 마을 입구, 들판 한가운데 세워진 큰 담벼락 아래로 갔다. 막 볼일을 보려는데 리 참사가 혼비백산해서 달려왔다.

"오 선생, 도대체 무슨 짓을 합니까?"

놀랐지만 상황을 파악하고 나서 정중히 사과하고 자리를 옮겼다. 그 담벼락에는 황해도 재령평야를 현지 시찰하는 지도자의 벽화가 그려져 있었다. 신성모독을 행할 뻔했다. 눈물을 이야기하다가 엉뚱하게 샜지만 북한에서 지도자가 갖는 권위는 이렇듯 상상을 초월한다. 구월산으로 가는 길에 리 참사가 설명을 이어갔다.

"오 선생은 우리가 지도자께 갖는 존경심을 이해하기 쉽지 않을 거요. 남조선 사람들은 하나님을 믿는다고 하지만, 하나님이 학교를 공짜로 보내줍니까? 아니면 병원비를 대줍니까? 나는 위대하신 수령님, 경애하는 장군님 덕분에 대학을 졸업하고, 병이 나도 돈 한 푼 안 들이고 병원 다니면서 지금까지 무탈하게 잘 살고 있습니다. 지금 미국 놈들의 적대 정책 때문에 우리가 잠시 어렵지만, 내가 어릴 때는 상점마다 물건이 가득했습니다. 남조선에서는 살아 있지도 않은 하나님한테 그렇게 숭배를 하지만 우리의 지도자는 살아서 우리 생활에 직접 도움을 주십니다. 어떻게 우리가 존경심을 갖지 않을 수 있겠습니까?"

눈물을 글썽거리는 진심 어린 그의 설명에 고개를 끄덕이지 않을 수 없었다. 구월산은 정상까지 시멘트포장도로가 깔려 있었다. 우리는 정상 바로 아래에 있는 구월산성을 촬영했다. 그들은 조금만 더 가면 '김형직 선생 독립 투쟁 사적지'가 있으니 가보자고 했다. 새로 지은 기와 건물 앞에서 다시 한 번 지도자에 대한 진심 어린 존경심을 설명했다. 같은 장소를 갔으나 관심사는 너무 달랐다.

북한 사람들의 눈물은 단순히 관념적인 존경심의 표현이 아니다. 지도자의 권위와 통치는 의식주, 학업, 의료, 복지 등 모든 생활에 직접적으로 영향을 준다. '1호 대상자'가 되어 평생 혜택을 받을 수 있다면 눈물과 감동이 있을 수밖에 없을 것이다. 그렇기에 군중 행사에서 흘리는 눈물은 단순히 훈련의 결과 혹은 군중심리의 결과물만은 아니다. 최고 권위와 물질적 혜택에 대한 감사와 기대심리의 표출이다.

그들은 정말 눈물이 많다. 하지만 눈물을 흘릴 수 있는 혜택을 받은 사람은 매우 제한적이다. 그것이 안타깝다. 북한의 모든 주민이 1호 대상자가 될 수 없기 때문이다. 구월산에 동행했던 두 사람은 평양의 명문 대학을 졸업하고 좋은 직장에서 관료 생활을 한 수혜자들이다. 그들 중 한 사람은 얼마 전까지 북한 기관의 베이징 주재 대표를 지냈고, 한 사람은 평창올림픽 때 대표급으로 방문한 북한의 핵심 인사 중 한 사람이다.

마지막으로
한 번 더
체크해볼 것

조심! 조심! 조심! 너무 조심하라는 이야기
만 했다. 그래도 북한과 사업을 하기 위해서는 선행해야 할 조건들이 있
다. 투자하기 전에, 계약서를 쓰기 전에, 한 번 더 고민해보자. 먼저 이
질적인 경제 시스템을 통일하고 안전한 투자 여건을 마련해야 한다. "나
라와 나라 사이의 관계가 아닌 통일을 지향하는 과정에서 형성되는 특수
관계" 남북기본합의서 조항에서 보듯 남북한의 관계는 기존의 법제도로
규정할 수 없는 애매한 영역이다. 또 정치적 변수가 워낙 커 조심한다고
해서 성공한다는 보장도 없다. 실패 확률을 줄이기 위해 가장 효과적인
제도적 보완책은 무엇일까? 방송을 중심으로 이야기를 해보자. 방송인
이 아니어도 도움이 될 사항이니 꼭 참고하면 좋겠다.

가이드라인의 제정

방송의 경우 과거 지나친 경쟁의식에 사로잡혀 과도한 비용을 지급하거나, 여건상 불가능한 사업을 무리하게 추진하여 낭패를 보기도 했다. 이벤트 회사 대표가 행사를 진행한 뒤 북한에 비용을 지급하지 못해 억류가 된 일도 있었다. 한편 북한 측이 의도적으로 방송사 간 경쟁을 유도하기도 한다. "KBS에서 이런 아이템으로 몇 만 달러를 주겠다고 하는데 SBS는 얼마를 줄 수 있어?"라고 하는 경우다.

과한 경쟁을 방지하기 위해 가이드라인을 제정할 필요가 있다. 방송사 간 협의를 통해서 '통일 방송 제작 가이드라인' 정도를 만드는 것도 좋겠다. 여기에는 방송의 기획 의도, 내용, 장비 반입, 제작 비용의 제한 등이 포함될 것이다. 가이드라인의 실효성에 의문을 제기할 수 있지만, 남북한의 특수 관계 속에 진행되는 사업이므로 방송사와 북한 당국 상호 간의 피해를 최소화하기 위한 노력의 과정으로 이해해야 할 것이다. 가이드라인의 존재는 북한과 협상 단계에서 방송사의 부담을 덜어주는 역할도 한다. 예전에 통일부에서 방북 제작 비용의 일부를 현금이 아닌 현물로 지급하도록 강제해서 결과적으로 방송사의 부담을 덜어준 적이 있다. 일반 투자의 경우 가이드라인이 얼마나 실효성이 있을지 의문이 들지만 역시 남북이 상호 피해를 줄이기 위한 최소한의 장치로 생각하고 검토해보면 좋겠다.

합법적 접촉선의 확보

　　북한 측에서 먼저 방송 교류를 하자고 제안하는 경우는 매우 드물다. 북한 측 파트너가 자신의 소속과 역할을 정확히 밝히는 경우도 거의 없다. 남북 방송 교류를 대남 사업의 연장선상에서 이해하고, 담당자도 방송인이 아닌 노동당 대남 부서 성원들이기 때문이다. 북한과의 교류는 늘 모호함과 불확실성이 지배했고 피디들은 이것을 일종의 운명으로 받아들였다. 이런 환경이니 브로커들이 활개를 쳤다.

　　남북 방송 교류의 불확실성을 제거하기 위해서는 북측과 명확한 접촉선을 확보하는 것이 급선무다. 북한과의 교류는 공식 경로보다는 '실력자'를 통한 비선 확보가 업무에 유리하다고 생각하는 사람이 많다. 하지만 북한도 엄연히 '정상국가'이고 대남 사업은 매우 엄격한 관리를 받는다는 사실을 알아야 한다.

　　북한의 대남 방송 사업 부서는 노동당 통일전선부의 '방송과'였다. 통일전선부에는 사회문화체육, 인도 지원, 언론 등을 담당하는 부서가 있었다. 방송 교류가 뜸해진 최근에는 사회문화체육에서 언론을 담당하고 있다. 남한과의 교류는 외곽 조직인 조선아태나 민화협을 통해서 진행한다. 2018년 이후 대남 사업을 조평통, 즉 '조국평화통일위원회'로 이관한다는 보도가 있었지만 아직 확실하지 않다. 최근 통일전선부 산하 해외동포원호위원회를 통해 방북한 해외 동포들이 비교적 제약을 덜 받으며 취재 활동을 하는 경우도 있다.

최근 북한의 대외 사업 형태에 변화가 감지되었다. 2016년 '노동당 제7차당대회' 이후 북한 사회 전반에 각자도생의 환경이 조성되면서 각 기업소, 대학, 버스회사, 식당, 상점 등 개별 조직이 직접 외화벌이에 나설 수 있도록 무역 규제가 대폭 완화된 것이다. 따라서 남북 방송 교류에 대한 최종 결정권은 통전부가 계속 가지고 있지만 실제 사업권은 방송 실무 부서나 개인 사업자들에게 넘길 가능성도 있다. 그럴 경우 남한의 방송사와 북한의 방송사가 직접 만나서 방송 사업을 협의할 수 있는 문이 열릴 것이다.

　　남북 교류가 본격적으로 활성화되면 개성의 남북공동연락사무소가 언론 교류의 창구로 활용되어야 한다고 본다. 현재 '언론사 – 민간단체(혹은 브로커) – 제3국 북한 대표부(베이징, 심양 등) – 북측 언론 담당 기관(통일전선부 등)'의 4단계 협의 통로가 '언론사 – 개성남북공동연락사무소 – 북측 언론 담당 기관' 3단계로 단축된다. 아울러 비용과 시간의 절감 효과도 얻을 수 있다. 방송의 경우에는 남측 방송통신위원회와 북측 조선중앙방송위원회가 직접 창구를 만들어 교류를 지원하는 방법도 고려해봄직하다.

　　하지만 당분간은 남북이 제3국 통로를 선호할 수도 있다. 경쟁이 속성인 언론은 남북공동연락사무소를 통할 경우 활동이 노출되어 불편할 수 있고, 북측도 경제적 이득을 얻는 데 불리할 수 있기 때문이다.

송금 절차의 투명성

과거 합법적인 송금 절차가 확립되지 않았을 때는 송금 과정에 어려움이 많았다. 심지어 통일부가 조선아태나 민화협을 북한 당국의 공식기관으로 인정하지 않아서, 두 기관과 사업을 진행할 때는 통일부의 사업 승인을 받지 못해 외화 반출이 불가능한 경우도 있었다. 북한과 사업을 진행하기 위해서 합법적인 창구를 마련해 송금 절차를 원활히 하는 것이 급선무다. 송금 과정의 투명성을 높이고 위험성은 줄이고 악성 브로커의 개입까지 막을 수 있다.

계약불이행 시 구제 방법 확립

남북 방송 교류 업무에 종사하는 담당자들의 공통적인 고민은 북한 측이 약속을 이행하지 않을 경우, 이행을 강제하거나 손해배상을 청구할 방법이 없다는 점이다. 이럴 때 이행 강제 수단 혹은 손해배상 절차를 확보할 필요가 있다. 또한 한반도의 정치 상황 때문에 이행이 불가능한 경우도 생긴다. 불가항력적 요인으로 피해가 발생할 경우에는 특수 보험을 통해 구제하는 방법도 고려해볼 수 있다.

민관 거버넌스의 구성

　　　　　남북 간의 교류는 아무리 완벽한 법적·제도적 장치를 구비하더라도 한반도를 둘러싼 정치 상황에 따라서 바뀔 수 있다. 민간 교류는 정치적 상황의 종속 변수이기 때문이다. 이러한 현실에 탄력적으로 대응하기 위해서는 민관 거버넌스가 필요하다. 한국방송협회(방송사), 방송직능단체, 방송통신심의위원회, 통일부 등의 참여가 가능할 것이다. 민관 거버넌스는 교류 활성화를 위해 제도적 미비점을 보완하고, 조직 간 경쟁에서 발생할 수 있는 갈등과 이해관계를 조절해야 한다. 아울러 북측과 안전하게 교류할 수 있는 통로를 마련해야 할 것이다.

　　지상파 방송사는 과거 방송 교류의 경험과 정보를 공유해야 한다. 북한과 교류 경험이 없는 신생방송사와 지역방송사에도 문호를 개방해야 한다. 피디연합회, 기술인협회, 방송기자연합회 등의 직능단체는 전문성을 공유하고 북한 측과 분야별 교류를 추진하는 방법도 고민할 수 있을 것이다.

　　기업도 같은 형식의 거버넌스 구성이 필요하다. 현재 북한의 대남 경제 교류 통로는 북한 당국이다. '북한 당국 대 남한 기업'의 형태가 되어서 아무래도 남한의 기업들이 '을'의 위치에 놓일 수 있다. 따라서 '민간기업협의체'를 구성하여 북한에 대한 발언권과 교섭력을 높일 필요가 있다. 인도적 지원을 하는 NGO 협의체인 '대북협력민간단체협의회'를 참조하는 것도 도움이 될 것이다.

북한 투자,
손실 제로를 위해서

오랜 시간 고대하던 한반도 평화의 시대가 열리고 있다. TV로 생중계된 2018년 문재인 대통령과 김정은 위원장의 도보 다리 회담 모습은 4월의 바람만큼 신선했다. 이번이야말로 대립과 반목의 어두운 과거를 청산하고 화해와 평화의 새 시대를 열어야 한다.

남북 교류는 단순히 눈앞의 이익을 얻기 위한 돌파구가 아니다. 새로운 시장이 열리고 전에 없던 부가가치가 창출되는 공간이다. 더욱이 한반도를 둘러싼 전쟁의 공포가 사라지고 운명처럼 달라붙어 있던 코리아 디스카운트가 사라진다. 따라서 북한에 대한 투자는 미래의 남북경제공동체를 위한 투자다.

아무리 의미가 있는 사업이더라도 결코 손해 보는 투자를 해서는 안 된다. 손실이 쌓이면 북한 시장을 외면하는 사람들이 많아질 것이고 그것은 곧 남북 화해 분위기에 먹구름을 드리우게 된다. 경제 교류의 실패는 안보를 위협할 수 있다. 개인의 성공이 곧 남북공동체의 이익과 번영을 가져다준다고 믿는다. 북한 투자 손실 제로가 바로 평화에 대한 확실한 담보다.

접촉 방식의 변화를 감지하면서

4·27남북정상회담 이전과 이후의 남북 교류 방식에 변화가 감지된다. 과거 우리 정부가 적극적으로 대화 전면에 나설 수 없을 때는 북한도 민간기구를 앞세워서 남한의 민간단체와 교류를 진행했다. 하지만 우리 정부의 적극적인 의지가 확인된 이상, 굳이 민간기구를 앞세우기보다 북한 당국이 교류의 전면에 나설 것으로 예상된다. 즉, '북한 당국-대남 민간기구(단체)-남한 민간단체'에서 '북한 당국-남한 당국(지방자치단체)' 혹은 '북한 당국-남한 기업'으로 연결되는 직접적 교류 방식을 선호할 것으로 보인다.

과거에는 방송사를 적극적으로 전면에 끌어들였다. 대남 선전 효과도 있지만, 남한 기업과 직접적 거래가 어려운 상황에서 거액의 현금 확보가 유리했기 때문이다. 그러나 북미관계가 개선되고 북한이 본격적인 개방 단계에 접어들면, 북한의 개별 '기관 기업소'가 적극적으로 해외무역과 대남 교류에 나설 것으로 보인다. 그럴 경우에는 대외 접촉에 대한 통제권을 갖고 있는 통일전선부와 국가보위부 등 국가기관과 갈등도 예상된다. 하지만 완전한 개방이 될 때까지 대외교류의 주도권을 쥐고 있는 기관이 어디인지 계속해서 주목해야 할 것이다.

같음보다
다름을 인정하자

남북 관계가 좋았던 시절, 남측 방송사들은 6·15선언을 전후한 1999년부터 2005년까지 모두 일곱 차례의 대규모 방북 대중 공연을 진행했다. 담당 피디들은 모처럼 찾아온 기회를 어떻게 활용할 것인가 고민했다. 공연 연출의 방향을 '동질성의 회복'에 둘 것인가, '이질성의 확인'에 둘 것인가 하는 고민이었다. 동질성의 회복에 방점을 두면 전통민요, 일제강점기 시대의 가요, 혹은 북한에도 알려진 남한의 운동 가요 등을 선곡해야 한다. 이질성의 확인에 방점을 두면 남에서 유행하는 댄스가요 혹은 트로트 위주로 선곡해야 한다. 이질성의 확인이란 현재 우리의 모습을 제대로 보여주자는 의도다.

어떤 목표를 설정할 것인가에 따라서 선곡과 가수 섭외의 방향이 달라진다. 동질성 회복이란 분단 이후 지속적으로 강조된 일종의 민족 정서다. 대부분의 사람들은 민족 동질성을 회복하지 않으면 평화도 없고 통일도 불가능하다고 믿는다. 남북의 평화와 통일은 국토와 정치적 통합만으로는 완성될 수 없다. 활발한 교류를 통해 문화적 동질성을 회복해야 한다. 따라서 동질성의 회복을 당위의 문제이자 하나의 진리로 받아들이는 사람이 많다.

반면 분단 이후 남북의 현실적 차이를 솔직히 인정하자는 주장도 설득력이 있다. 이질성 자체의 존중과 이해를 통해서 공존의 방법을 찾아야 한다는 논리다. 즉, 이질성에 바탕을 둔 새로운 의사소통의 코드를 통해서 통일의 공간을 열어가는 것이 보다 현실적이라는 것이다.

과거 동질성의 회복을 목표로 했던 공연은 1999년 12월 평양봉화예술극장에서 개최된 MBC 〈제1회 민족통일음악회(연출 : 주철환)〉와 2002년 9월 동평양대극장에서 개최된 MBC 〈평양특별공연-이미자의 평양 동백 아가씨(연출 : 방성근)〉다. 〈민족통일음악회〉에는 신형원, 안치환, 김종환, 오정혜, 현철 등이 출연했으며 〈사랑을 위하여〉, 〈앉으나서나 당신 생각〉 등 당시 유행곡들도 있었으나, 민요 〈진도아리랑〉, 일제 가요인 〈눈물 젖은 두만강〉, 〈홍도야 우지 마라〉, 운동권 가요로 인식되던 〈아침 이슬〉 등이 선곡되었다. 무엇보다 공연의 제목인 〈민족

통일음악회〉에서 볼 수 있듯이 평양 관객들을 고려한 동질성 회복의 의도가 강하게 드러나는 공연이었다.

〈이미자의 평양 동백 아가씨〉 공연에서는 이미자 씨의 히트곡인 〈동백 아가씨〉를 비롯해서 〈애수의 소야곡〉 등 일제 가요를 불렀다. 남의 장년층뿐 아니라 북에서도 쉽게 어필할 수 있을 것으로 기대되는 이미자 씨를 내세운 것 역시 민족적 동질성에 호소하기 위해서였다.

이질성의 확인에 무게를 둔 대표적인 공연은 2002년 9월 동평양대극장에서 개최된 MBC 〈오! 통일 코리아(연출 : 방성근)〉, 2003년 10월 SBS의 〈류경정주영체육관 개관 기념 공연(연출 : 백정렬)〉, 2005년 8월 〈조용필 평양 공연(연출 : 배철호)〉이다.

〈오! 통일 코리아〉에는 최진희, 성악가 임웅균, 윤도현 등이 무대에 섰다. 특히 윤도현은 진솔한 무대 매너와 파격적인 창법으로 관객 사이에 놓인 장벽을 제거했다. 전통과 맞닿아 있지만 전위적인 그의 창법에 북한 관객이 호감을 표시한 것은 예상 밖이었다. 북한 전역에 생방송된 덕분에 한동안 북의 젊은 여성들 사이에 윤도현 신드롬이 일어날 정도였다고 한다.

2005년 평양 공연에서 조용필은 자신의 음악 세계를 가감 없이 관객들에게 전달하는 데 주력했다. 당초 북측 가요와 민요를 반씩 불러

2005년 〈조용필 평양 공연〉. 조용필은 북한 가요와 민요를 불러달라는 요구를 거절하고 철저히 자신만의
음악 세계를 선보였다.

달라는 요청을 조용필은 단호히 거부했다. 그는 북측 관객들의 눈높이에 공연 내용을 맞춘 것이 아니라, 북측 관객들에게 남측 가수 조용필을 봐주길 요구했다. 따라서 당시 전국 투어 콘셉트를 평양에서도 거의 동일하게 유지했다. 공연 초기에 냉랭한 반응을 보이던 관객들이 공연 중반 이후에는 조용필의 노래를 따라 부를 정도로 호응이 좋았다. 공연이 종료되자 7000명의 관객이 기립 박수로 앙코르를 요청하는 모습을 보며 조용필의 의도가 적중했다는 평가를 받았다.

물론 '동질성의 회복'과 '이질성의 확인'을 반드시 대립적 개념으로 파악할 필요는 없다. 동질성의 회복은 통합의 과정에서 그 후유증을 최소화하고 공감대를 확산시키는 기능이 있다. 즉, 오랜 기간 적대적으로 살아온 남과 북의 주민들에게 우리는 원래 하나였다는 사실을 인식시켜주어야 오해와 편견이 사라지고 정서적 공감대가 형성된다. 또한 끊임없이 재창조되는 역동적 삶의 환경에서 새로운 문화적 정체성과 가치관을 만들어가기 위해 이질성의 확인은 반드시 필요한 요소다. 우리의 정서를 솔직히 보여주는 것이 남한에 대한 이해를 돕고 오랜 분단의 간극을 메우는 데 도움을 줄 것이기 때문이다. 따라서 동질성 회복만을 고집하면 문화적 풍요로움이 사라지고, 이질성 확인만을 강조하면 갈등과 부작용이 발생할 수 있다. 둘은 서로 보완적 효과가 있다.

하지만 실제 공연에서는 어디에 방점을 둘 것인가를 선택해야 하는 경우가 많다. 어떤 방식이 더 효율적인지 정답은 없다. 또한 극장에서 보여주는 관객들의 반응을 보고 호응도를 확인하기도 힘들다. 북한 관객들이 공식적으로 금지된 남한 가요를, 그것도 공개된 장소에서 호감이나 비호감을 표현하기 불가능하기 때문이다.

결국 개인적 경험에 의존할 수밖에 없다. 공연 현장에서 혹은 공연 제작 경험이 있는 피디들의 인터뷰를 통해서 확인되는 것은, 관객들이 공연을 통해서 '남한 사회'를 들여다보고 싶은 욕구가 매우 강하다는 사실이다. 평양 관객들은 남한 가수들의 창법, 가사, 율동, 의상, 무대 장치 등 전반적인 것에 관심이 많았으며, 특히 가수들의 인사말이나 멘트에도 예민한 반응을 보였다. 그들이 진정으로 보고 싶은 것은 공연 속에 숨어 있는 우리의 진솔한 삶의 모습이었다.

아울러 북한 관객들은 '같음'보다 '다름', 즉 차이나 이질성에 관심이 더 많았다. 북한 주민들에게 가장 깊은 인상을 남긴 가수가 윤도현이나 조용필이라는 사실이 그것을 증명한다. 윤도현의 공연은 북한 전역에 생방송으로 중계되었으며, 그 뒤 서너 차례 재방송되었다고 한다. 조용필 공연은 북한 방송에는 중계되지 않고 류경정주영체육관에 참석한 평양 관객 7,000여 명에게만 소개되었지만, 이후 북한 공연 문화의 변화에 결정적인 영향을 미쳤다.

2018남북정상회담 사전 행사로 2018년 4월 1일 동평양대극장에서 진행된 남측 가수들의 단독 공연에는 조용필, 이선희, 최진희, 윤도현, 백지영, 정인, 서현, 알리, 강산에, 레드벨벳, 피아니스트 김광민 등이 무대에 올랐다. 〈그 겨울의 찻집〉, 〈사랑의 미로〉, 〈총 맞은 것처럼〉 등 북한 관객에게 친숙하다고 알려진 노래가 포함되긴 했으나 서현이 부른 〈푸른 버드나무〉를 제외하면 모두 자신들의 대표곡을 불렀다. 동질성의 회복보다는 이질성의 확인, 즉 우리의 모습을 보여주는 데 방점을 두었다. 북한 관객들은 13년 만에 열린 남한 가수의 평양 공연에 아낌없는 박수를 보냈으며, 특히 김정은 위원장이 참석하여 우리 가수들과 기념촬영을 하는 파격적인 행보를 보이기도 했다. 같음보다는 다름을 보여준 공연에 나타난 호의적인 반응은, 향후 남북 교류의 방향에 대한 중요한 시사점을 던져준다.

궁극적으로 남북 방송 교류의 목적은 분단으로 야기된 차이를 극복하는 데 있다. 따라서 각자의 문화적 특성을 가장 잘 나타내는 소재를 상대방에게 적극적으로 보여주어야 한다. 비단 방송뿐만이 아니다. 남북한이 서로를 있는 그대로 보고 그 안에서 차이를 확인해야 상대를 이해할 수 있다. 또한 상대에 대한 이해가 선행되어야 평화 공존이나 통일의 가능성도 열릴 것이다. 같음보다는 다름을 받아들이는 과정이 평화를 만들고 궁극적으로 통일의 길을 열어준다고 확신한다. 너와 나, 있는 그대로의 모습을 받아들이자. 성공적인 거래 또한 다름을 인정할 때 가능하다.

70년 동안 다른 공간에서 살아온 현실을 인정해야 평화가 온다. 개성 민속려관의 아치형 담을 지나가는 의례원.

왼쪽부터 개성 봉동관 의례원(2005년). / 평양 옥류관 의례원(2013년). / 평양 옥류관 의례원(2018년).

레이저로 벽면을 화려하게 꾸민 평양 류경호텔. 105층 규모로 평양 어디에서나 보인다.

주

1 홍민·차문석·정은이·김혁 지음, 《북한 전국 시장 정보 : 공식시장 현황을 중심으로(2016)》, 통일연구원, 16~24쪽.

2 WSJ(월스트리트 저널), 2018.8.26.

3 헤이즐 스미스 지음, 《장마당과 선군정치(2017)》, 창비, 238쪽.

4 북한이 완전한 시장경제체제market economy system 에 진입했는가는 좀 더 연구가 필요한 부분이다. 따라서 일본 데이쿄대학(帝京大學) 이찬우 교수의 주장에 따라 시장 기능 국가라는 표현이 무난하다고 생각된다.

5 '2016 북한 사회 변동과 주민의식 변화', 서울대학교 통일평화연구원, 2016.8.24.

6 리베펠트 슈타인횔츨리 Schulanlagen Liebefeld/ Steinhölzli

7 JTBC 〈이규현의 스포트라이트〉, 2018.7.6.

8 2013년 완공된 미림항공구락부에서는 조종사 포함 두세 명이 함께 탑승할 수 있는 초경량 비행기를 운항 중인데, 가족 단위의 탑승객들이 한 회 20~30분 정도 평양 동쪽 하늘을 비행할 수 있다.

9 2013년 완공된 미림승마구락부는 경주로와 훈련장 외에도 피로회복원과 승마지식 보급실 등 부대 시설을 갖춘 현대화된 승마 시설이다. 큰 말은 30보당 35,000원, 작은 말은 17,500원 등 말의 걸음 수와 크기에 따라 비용을 차등 적용하는 것이 이색적이다.

10 민족화해협력범국민협의회 정책위원회 지음, 《김정은 체제 5년, 북한을 진단한다(2016)》, 늘품, 123쪽.

11 최선임, 〈김정은 체제 변동 동향〉, 통일연구원 주최 세미나 발표, 2012.11.17.

12 평양 안상택거리(북새거리. 안상택은 북한에 큰돈을 기부한 일본 조총련계 사업가다)에는 해외 교류가 가능한 북송 재일교포들과 '돈주'들이 주로 거주했다. 북한은 재일교포의 돈을 흡수하기 위해 안상택거리에 외화 거래가 가능한 상점과 식당을 세웠다.
김명성 기자, '정상회담 후 평양도 재건축 열풍… 30년 된 아파트 세 배 뛰어', 조선일보 인터넷 판, 2018.06.27.

13 명의 대여에 대한 대가로 정기적으로 입금을 하므로 이런 기업가를 '입금조'라고 부른다.

14 임을출 지음, 《김정은 시대의 북한 경제(2016)》, 한울, 170쪽.

15 '평양·평양사람들 〈4〉', 중앙일보 창간 53주년 특집, 2018.10.2.

16 이찬우, 〈남북 경협 무엇을 준비할 것인가?〉, 남북경제협력포럼·평화의 길 준비위원회 공동주최특강, 2018.8.27.

17 임을출 지음, 《김정은 시대의 북한 경제(2016)》, 한울, 208쪽.

18 임을출 지음, 《김정은 시대의 북한 경제(2016)》, 한울, 212쪽.

19 이찬우, 〈남북 경협 무엇을 준비할 것인가?〉, 남북경제협력포럼·평화의 길 준비위원회 공동주최특강, 2018.8.27.

20 정은이, 〈SBS 스페셜〉 인터뷰, 2018.4.30.

21 이찬우, 〈남북 경협 무엇을 준비할 것인가?〉, 남북경제협력포럼·평화의 길 준비위원회 공동주최특강, 2018.8.27.

22 최재영, '재미동포 목사, 평양에서 택시를 타다', 통일뉴스, 2018.04.16.

23 이찬우, 〈남북 경협 무엇을 준비할 것인가?〉, 남북경제협력포럼·평화의 길 준비위원회 공동주최특강, 2018.8.27.

24 전영선 지음, 《글과 사진으로 보는 북한의 사회와 문화(2016)》, 경진, 203쪽.

25 '인민 대중은 당의 령도 밑에 수령을 중심으로 조직 사상적으로 결속함으로써 하나의 사회정치적 생명체를 이룰 때 역사적인 주체가 된다', NAVER 지식백과, 한국민족문화대백과, 사회정치적생명체론.

26 전영선 지음, 《글과 사진으로 보는 북한의 사회와 문화(2016)》, 경진, 57쪽.

27 전영선 지음, 《글과 사진으로 보는 북한의 사회와 문화(2016)》, 경진, 415쪽.

28 《조선력사 고등중학교4》, 교육도서출판사, 주체89(2011), 33쪽.

29 《조선력사 고등중학교4》, 교육도서출판사, 20~23쪽, 27~29쪽.

30 《조선력사 고등중학교2》, 교육도서출판사, 주체91(2002), 제 33과.

31 학자들은 이것을 선호 위장preference falcification이라는 개념을 통해서 설명한다. 이 선호 위장은 민주주의가 덜 발달된 나라일수록 발달한다고 본다.
이종석 지음, 《북한의 역사(2)》 역사비평사, 2011. 재인용.

32 〈2015 북한형법주석〉, 법무부 법무실 통일법무과

33 《조선력사 고등중학교1》, 교육도서출판사, 주체88(1999), 40쪽.

34 박중현·이명건·주성원 기자, '김윤규 씨 제거는 배은망덕 현대와의 사업 전면 재검토', 동아일보, 2005.10.21.

35 유강문 기자, '역사성 부각되는 베트남은 북한의 경제모델이자 혈맹', 한겨레신문, 2109.2.7.

36 김진향 외 3인 지음, 《개성공단 사람들(2015)》, 내일을여는책, 50쪽.

37 김진향 외 3인 지음, 《개성공단 사람들(2015)》, 내일을여는책, 48쪽.

북한 사람과 거래하는 법

ⓒ 오기현, 2019

초판 1쇄 인쇄 2019년 4월 25일
초판 1쇄 발행 2019년 5월 3일

지은이 | 오기현
펴낸이 | 이상훈
편집인 | 김수영
본부장 | 정진항
기획편집 | 고우리 이승한
마케팅 | 조재성 천용호 박신영 조은별 노유리
경영지원 | 이해돈 정혜진 이송이

펴낸 곳 | 한겨레출판(주) www.hanibook.co.kr
등록 | 2006년 1월 4일 제313-2006-00003호
주소 | 서울시 마포구 창전로 70(신수동) 화수목빌딩 5층
전화 | 02) 6383-1602~3 **팩스** | 02) 6383-1610
대표메일 | book@hanibook.co.kr

ISBN 979-11-6040-252-0 03300